BIOGRAPHIE

DE

Mgr BATAILLE

ÉVÊQUE D'AMIENS

PAR

L'ABBÉ A. HOULLIER

VICAIRE A NOTRE-DAME

AMIENS

LIBRAIRIE DELATTRE-LENOEL EDITEUR

Imprimeur de l'Évêché

M DCCC LXXIX

BIOGRAPHIE

DE

MGR BATAILLE

ÉVÊQUE D'AMIENS.

Amiens. — Typ. Delattre-Lenoel, imp. du Chapitre Cathédral.

+ Louis, Ev. d'A

BIOGRAPHIE

DE

Mgr BATAILLE

ÉVÊQUE D'AMIENS

PAR

L'ABBÉ A. HOULLIER

VICAIRE A NOTRE-DAME.

AMIENS

LIBRAIRIE DELATTRE-LENOEL EDITEUR

Imprimeur de l'Évêché

M DCCC LXXIX

Amiens, le 22 août 1879.

Monsieur l'Abbé,

J'aurais voulu ne céder à personne la consolation de recueillir pour l'édification des fidèles et la gloire de notre illustre église d'Amiens, les souvenirs qui se rattachent à la maladie, aux derniers moments, à la mort et aux funérailles de notre saint Evêque ; il m'aurait été très doux de faire, de nos regrets, de nos admirations et de nos larmes une sorte de couronne funéraire rappelant dans un autre ordre, celles, si nombreuses, que la reconnaissance et l'affection se plaisent à déposer et à entretenir autour de sa tombe : j'ai dû, non sans regret vous abandonner ce soin ; aujourd'hui je m'en félicite ; car nous aurons une biographie et presqu'un livre au lieu d'un simple recueil.

Les diocésains de Mgr Bataille, ses anciens paroissiens de Saint-Jacques de Douai, ses amis, tous ceux qui ont eu le bonheur de le connaître ou de l'approcher aimeront à retrouver dans ce livre une image, un écho, un mémorial enfin qui leur sera cher autant que précieux.

En lisant ces pages ils feront revivre en eux-mêmes tout un monde de souvenirs ; ils ressusciteront par la pensée celui que leurs yeux ne verront plus, que leurs oreilles ne pourront plus entendre, mais dont leur cœur ne s'est point séparé. Il leur semblera que l'âme pastorale qui se penchait sur eux pour les relever murmure encore à leurs oreilles des paroles de consolation, ils croiront voir sur la tête de leurs petits enfants, la main de celui qui se plaisait à les caresser et à les bénir.

Les chrétiennes populations de nos campagnes le reverront à travers ce pieux souvenir consacré à sa mémoire ; et les enfants de nos écoles se souviendront de ce qu'il leur disait dans ses paternelles visites, qui ne se terminaient jamais sans laisser beaucoup plus que l'espoir d'un congé ; tant il est vrai que cette âme éminemment épiscopale a laissé à tous, si court qu'ait été son passage, une grande et durable impression.

C'est le privilège des saints de se survivre dans la mémoire des hommes, par le souvenir de leurs vertus. On dirait qu'ils planent au-dessus de la tombe, illuminant encore la terre qu'ils ont foulée de leurs pieds.

Les Evêques sont appelés les Anges de leurs églises ; jamais Pasteur ne mérita mieux ce nom, que celui qui n'a voulu quitter le siège d'Amiens « que pour monter au ciel. »

Puissions-nous un jour l'y rejoindre, après avoir appris de lui à bien vivre et à bien mourir.

Avec mes remerciements veuillez recevoir, cher Monsieur l'Abbé, l'assurance de mes sentiments bien dévoués en Notre-Seigneur.

FALLIÈRES,
Vicaire Capitulaire.

PRÉFACE

Quel sujet d'émotions plus saisissant que celui d'une grande destruction ! Terrible et singulière leçon, pour le voyageur qui marche sans cesse sur des décombres dont les matériaux, d'une admirable richesse, couvrent des plaines, des montagnes, des vallées, n'offrant d'asile qu'au silence et à la mort !

Ce spectacle, que l'œil attristé de l'homme contemple au milieu des ruines gigantesques d'un passé glorieux, n'est-il pas l'image de ces débris de la vie, que laissent derrière eux ceux que la foule étonnée appelle les forts ? « Quomodo ceciderunt fortes ? »

Comment est-il tombé, celui qui, comme Saül, surpassait de la tête les plus grands de son peuple, mais qui surtout les dominait de toute l'élévation de son esprit, de toutes les noblesses de son cœur et de toutes les énergies de sa vertu ! Pourquoi faut-il que nos regards qui se plaisaient à l'embrasser debout, en mesurent maintenant les restes ruineux !

Il ne m'appartenait de toucher à ces dépouilles sacrées de la mort, que comme à l'étranger de décrire les ruines fameuses que foulent ses pieds er-

rants parmi les plaines où furent Thèbes et Memphis. Un autre, mieux que moi, après avoir longtemps reposé sur le cœur de l'Évêque, eût pu, retraçant avec fidélité ses précieuses qualités et ses vertus sublimes, nous faire entrevoir déjà la gloire de l'Élu ! Mais son âme pleine d'angoisses ne s'entretient plus que de ses regrets et de ses douleurs, et il faut qu'une voix étrangère vienne réveiller les échos de cette tombe encore humide des larmes d'un peuple qui pleure sans pouvoir sécher les yeux de deux sœurs, dont la seule espérance ici-bas est d'être un jour rénnies au Frère qu'elles ont religieusement aimé.

Le moment n'est pas venu d'ouvrir un cercueil à peine scellé, et de remuer des cendres chaudes encore. Quelque prophète inspiré de Dieu soufflera un jour sur cette noble poussière et lui rendra aux yeux de la postérité une vie immortelle. Puissent seulement ces quelques pages offertes à la piété filiale du clergé et des fidèles de deux Diocèses en deuil, s'épanouir sur la mémoire de notre Evêque tant regretté, comme ces bouquets de fleurs que des mains dévouées répandent chaque jour sur sa tombe !

A. HOULLIER.

CHAPITRE I

BIOGRAPHIE

I

L'écrivain légendaire aime à placer autour du berceau de son héros, tout ce que la richesse a de plus précieux, tout ce que la gloire a de plus magnifique. Mais le faux brillant des splendeurs terrestres touche peu l'historien chrétien, car, plus d'une fois dans les fastes de l'Eglise, la chaumière du pauvre est apparue comme l'assise granitique de la plus légitime fortune.

Le village d'Houplines, qui donna naissance, le 25 août de l'année 1820, au jeune LOUIS-DÉSIRÉ BATAILLE, ne devait avoir rien à envier aux plus brillantes cités ; assez heureux qu'il était de pouvoir offrir à la France un de ses prêtres les plus dévoués, un de ses pontifes les plus estimés. Pour qui connaît les religieuses populations du Nord, et en particulier la très chrétienne famille du prélat défunt, il n'est pas besoin d'ajouter que l'enfant reçut une éducation digne de ses futures destinées.

Dans la retraite de ce nouveau Nazareth, le jeune Louis grandissait en sagesse devant Dieu. Comme le fils de Marie et de Joseph, il avait commencé à manier les outils du charpentier (1), lorsque le Ciel sut, à son heure, envoyer l'ange de ses éternels desseins (2). Un prêtre, qui a fourni aux autels bien des ministres dévoués, sut discerner dans le pieux Louis les qualités de l'esprit et du cœur, par lesquelles Dieu marque une âme du sceau sacerdotal.

Ce que fut le jeune étudiant, dans le calme du presbytère, aux collèges d'Armentières et de Lille, au petit séminaire de Cambrai, ses condisciples, qui étaient ses amis, pourraient le dire, et rappeler sa piété simple, sa docilité parfaite, son goût pour les lettres, sa franche gaieté, son caractère sympathique, qui le faisaient aimer de ses maîtres et de ses camarades.

C'est M. l'abbé Deroubaix, curé-doyen de l'église Notre-Dame de Douai, qui nous a livré les secrets de cette belle âme, dans sa magnifique allocution du 23 Juin. Nous ne saurions rien faire

(1) On montre encore, à Houplines, une porte ouvrage du jeune Louis Bataille.

(2) M. l'abbé Gadenne vicaire d'Houplines, actuellement curé de Raches.

de mieux que de le suivre, au moins au début de cette notice. Sa parole revêtue du charme de l'éloquence, n'en sera que plus agréable à nos pieux lecteurs et plus digne du sujet que nous traitons.

Les années du grand Séminaire, si graves, si austères, tout en lui donnant la maturité qui prépare aux engagements solennels des saints ordres, ne firent que perfectionner l'élévation de ses pensées, la délicatesse de ses sentiments et la bienveillance naturelle de son caractère.

Un séjour d'une année au célèbre collège de Juilly, avant sa promotion au sacerdoce, étendit encore ses horizons, et le mit de bonne heure en relation avec des prêtres éminents, élevés depuis aux plus hautes fonctions dans l'Eglise, et que nous avons retrouvés près de son tombeau.

C'est à la paroisse de Saint-Jacques, renommée depuis longtemps par sa piété, que l'illustre cardinal Giraud envoya le jeune prêtre qu'il venait d'ordonner aux fêtes de Noël, 1844.

M. l'abbé Bataille eut la bonne fortune de travailler sous la direction de deux hommes de grand mérite et avec des confrères dont l'amitié lui est restée fidèle.

Déjà, sous M. Héroguez, il avait révélé son cœur

d'apôtre dans les humbles mais laborieuses fonctions du vicariat. Sa bonté pour les petits enfants, pour les malades et les pauvres, inspirait la confiance. Les malheureux connaissaient déjà la modeste maison de la rue Croix-d'Or, où deux sœurs modestes et pieuses étaient les dignes auxiliaires du charitable prêtre.

C'est aux jours de calamité que le dévouement se montre tout entier. Sans diminuer le mérite de ses courageux confrères, nous pouvons dire que M. l'abbé Bataille ne fut pas le dernier auprès des nombreuses victimes du choléra de 1849 et de 1854. On sait encore peut-être dans les quartiers les plus éprouvés par le terrible fléau, dans la rue d'Ocre, dans la rue Obled, avec quel empressement il accourait au chevet des mourants, le jour, la nuit, sans se préoccuper de sa santé, qui l'aurait obligé à modérer son ardeur. Deux traits, pris au hasard, achèveront de le faire connaître : « Un pauvre homme ne pouvait se résoudre à mourir avant d'avoir revu son frère qui habitait dans un village aux environs de Douai ; le charitable vicaire lui demanda l'adresse de ce frère qu'il aimait tant et lui promit qu'il le reverrait. Il alla lui-même à pied à deux heures du matin chercher ce campagnard, le ramena près du moribond et s'en alla tranquillement dire sa messe. » — « Une nuit, il porta entre ses bras un poêle pour réchauffer des malheureux qui seraient morts de froid. »

Il aimait tant à se dépenser pour Dieu et pour les âmes !

La paroisse Saint-Jacques avait reçu un nouveau Pasteur. Homme supérieur, M. l'abbé Vrambout reconnut bien vite dans son premier vicaire l'homme du devoir et du dévouement, qui pouvait le seconder admirablement dans ses entreprises. Le charme de la personne, la régularité et la dignité de la vie, la distinction des manières, la sûreté de jugement, la discrétion de la parole, la prudence dans l'action, rehaussés par la piété et par la modestie, lui assuraient une légitime influence. Tandis que le doyen établissait les conférences de Saint-Vincent-de-Paul et l'Association des Enfants de Marie, préparait l'agrandissement, ou pour mieux dire la reconstruction de cette église ; et, sous le souffle de liberté de 1848 fondait un collège ecclésiastique, devenu la belle institution de Saint-Jean, M. Bataille se donnait aux militaires, aux ouvriers, aux petits et aux grands, aux riches et aux pauvres, aux pauvres surtout.

Aussi, au jour où, après une courte maladie, la mort enleva M. Vrambout à l'estime et à la vénération de ses paroissiens, tous les vœux et toutes les espérances ne cherchèrent pas loin son digne successeur.

Quel vaste champ s'ouvre alors à l'activité, au zèle, à la charité du nouveau pasteur ! Quel fardeau sur ses épaules habituées à porter joyeusement le joug si doux de l'obéissance ! Il fallait faire face aux dépenses nécessitées par l'agrandissement de l'église, trouver des ressources pour l'ornementation, conserver et développer les associations naissantes, maintenir l'esprit de paroisse, étendre sa sollicitude à tout et à tous.

La beauté de la maison, la pompe, la splendeur des cérémonies contribuent singulièrement à élever les âmes à Dieu. Quel soin y apportait le pasteur ! Il ne dédaignait même pas de surveiller la préparation des chants sacrés.

Son ministère pastoral avait été inauguré par les fêtes splendides du centenaire du Saint-Sacrement de Miracle, dont tout le diocèse de Cambrai a gardé le souvenir.

Que n'a-t-il pas fait depuis pour faire honorer Jésus-Christ dans le sacrement de son amour ! Que n'a-t-il pas fait pour lui ramener les cœurs par l'intermédiaire de celle qui est le refuge des pécheurs et la mère de miséricorde ! Sous sa sage direction,

Saint-Jacques était de plus en plus la paroisse de la dévotion. Comme le pasteur savait l'inspirer à tous par sa dignité et son recueillement dans le lieu saint, par sa parole pénétrante et pleine d'onction dans le catéchisme, du haut de la chaire ou dans le secret du confessionnal, par les entretiens particuliers ! Comme il profitait avec un merveilleux à propos de toutes les occasions pour réchauffer les cœurs par des cérémonies et des prédications extraordinaires qui rassemblaient en plus grand nombre les enfants autour d'un père bien-aimé.

N'est-ce pas à son zèle que ses paroissiens durent le bonheur d'avoir entendu si souvent, pendant vingt ans, tant de prédicateurs en renom : évêques, religieux, prêtres séculiers, que son amour des âmes le portait à rechercher ; comme s'il eût craint que sa parole toujours si mesurée, si caressante pour toutes les douleurs et si goûtée, ne fût pas un aliment assez abondant ? Cette parole, il la prodiguait d'ailleurs dans ces œuvres, dans ces associations diverses qui sont comme la couronne d'une paroisse ; disons mieux, comme autant de foyers d'où le feu sacré se communique de proche en proche. Vous rappelez-vous, enfants de Marie, membres des conférences de Saint-Vincent-de-Paul, de quelle manière il savait faire jaillir l'étincelle de vos cœurs, et les larmes de vos yeux ? Et vous, braves ouvriers, qui étiez ses enfants de prédilection, avez quel empressement vous accouriez aux réunions du lundi pour lesquelles votre pasteur savait tout sacrifier ! Comme il excellait à vous instruire en vous amusant par des traits et des anecdotes qui montraient la religion en action ! Comme il se mettait bien à votre portée, et comme vous sentiez dans son langage le cœur du prêtre qui aime les petits et les pauvres à l'exemple de Jésus-Christ.

Si sa prudence l'empêchait de multiplier les œuvres, sa charité cependant n'hésita point à accueillir, presque au début de son ministère pastoral, la belle Association des mères chrétiennes qui devait augmenter ses fatigues, mais aussi ses joies et ses consolations. Association féconde dont les bienfaits précieux devaient bientôt s'étendre à toute la ville !

Sa parole, le digne pasteur la donnait aux jeunes époux. Avec quel tact, avec quelle délicatesse, il mêlait les graves leçons et les conseils paternels aux félicitations et aux éloges ! Vous en avez conservé le souvenir, vous qui avez reçu de sa main la bénédiction nuptiale. Ces charmantes allocutions étaient comme une couronne parfumée de piété sur le front des mariés. Nous n'en finirions pas si nous voulions rappeler avec quel rare bonheur d'expressions, avec quels sentiments affectueux, vrais et profonds, il saluait l'arrivée d'un curé qu'il installait dans une paroisse, ou allait pleurer sur le tombeau d'un confrère.

Ce qu'il était pour ses frères dans le sacerdoce, la présence à ses funérailles de tous ou presque tous ses anciens vicaires et d'un nombre considérable d'ecclésiastiques du diocèse de Cambrai, le dit mieux que tous les discours. Il faudrait un livre pour louer cette charité toute fraternelle, et l'on pourrait déposer sur sa tombe cette parole des saints livres : *Hic est amator fratrum,* il était l'ami de ses frères.

Déjà il aurait pu prendre la devise qu'il a empruntée à saint Paul en devenant évêque : *Charitas mea cum omnibus vobis.*

A peine s'accordait-il chaque année quelques jours d'un repos nécessaire à sa santé, près d'une vieille mère qu'il vénérait et au milieu de ses compatriotes qui, tout en respectant sa dignité se considéraient comme ses amis.

Son temps appartenait à ses fidèles, il le leur donnait depuis le matin jusqu'au soir ; à l'église, au confessionnal, dans les écoles, dans les salles d'hôpital, auprès des riches et des grands pour plaider la cause des malheureux et quelquefois des coupables, mais plus souvent encore près des pauvres pour les consoler et les soulager, surtout près des malades pour lesquels sa charité avait des tendresses particulières, au presbytère qui était ouvert à tous, même aux indiscrets et aux importuns.

Sa bonté pouvait-elle refuser quelque chose ? Dieu lui avait donné dans ses sœurs deux auxiliaires de sa charité. Mais qui dira les aumônes qu'il distribuait de ses propres mains ! Les misères cachées qu'il a adoucies ! Les situations précaires qu'il a sauvées ! Les orphelins auxquels il a rendu une famille en les confiant à la charité ! On aurait pu indiquer le presbytère de Saint-Jacques comme on enseignait la maison de saint Eloi, et dire : « Là où vous verrez une foule de pauvres, c'est la maison du bon pasteur. »

Qui dira tout ce qu'il faut de compassion pour diminuer ou guérir les misères morales ! Ni l'habileté, ni la sagesse, ni la philosophie humaine n'y peuvent rien. Il y faut cette charité qui se fait tout à tous, qui partage les joies et les tristesses du prochain ; cette charité bénigne, patiente, qui ne connaît ni l'ambition, ni l'envie, qui croit facilement le bien et l'espère toujours sans se laisser jamais déconcerter.

A ces traits, pieux fidèles de Saint-Jacques, ne reconnaissez-vous pas le bon pasteur, qui, sans jamais pactiser avec l'erreur ni avec le mal, avait toujours pour les âmes éloignées de Dieu ces condescendances, ces attentions, ces prévenances, ce je ne sais quoi d'affectueux, dans un regard, dans un sourire, dans une parole qui finit par assurer le triomphe de Dieu ?

Est-ce que l'amertume pouvait seulement effleurer son âme ? Son ministère pastoral était béni de Dieu ; son dévouement, qui ne cherchait point les regards des hommes, lui attirait tous les cœurs ; son humilité ne s'alarmait que d'une chose : l'admiration publique le désignait pour l'épiscopat, et son cœur redoutait autant de se séparer de sa chère paroisse Saint-Jacques que d'accepter la lourde charge d'un diocèse à gouverner.

Que manquait-il à l'auréole que formaient sur sur son front, sa piété, ses talents, ses œuvres, sa prudence, sa vertu éprouvée, sa charité admirée des riches et des pauvres ?

Les honneurs du canonicat et la dignité d'archiprêtre venaient de couronner sa vie pastorale.

Il fut recherché pour l'épiscopat. Avant de céder

aux instances de l'éminent cardinal de Cambrai et de plusieurs autres évêques qui le proposaient pour le siège d'Amiens, il écrivait à un de ses amis avec une humilité admirable : « Je ne me sens pas de force à porter un tel fardeau, » et il ajoutait ces paroles : « Je ne parle pas du courage qui me manquerait d'abandonner une paroisse qui est maintenant la condition de ma vie. »

Ce courage cependant il sut le puiser dans son âme fortement trempée d'héroïsme. L'esprit d'obéissance et de sacrifice put opérer en lui ce que semblaient refuser les attaches de son cœur.

II

Dans leur mandement du 4 avril 1873, MM. les Vicaires Capitulaires avaient prescrit des prières, afin de demander au Seigneur qu'il donnât bientôt à l'Eglise d'Amiens un Pontife selon son cœur.

Les vœux des pieux fidèles ne tardèrent pas à être exaucés : le 19 juin, le *Journal officiel* contenait un décret du Président de la République, appelant à l'évêché d'Amiens M. l'abbé Bataille, archiprêtre et curé-doyen de l'église Saint-Jacques à Douai. Le 25 juillet, fête de l'apôtre S. Jacques, N. S. P. le Pape Pie IX ratifia le choix du gouvernement français et donna pour premier Pasteur à notre Eglise, Mgr Bataille.

Le Chapitre d'Amiens s'était empressé d'écrire au nouveau Prélat une lettre collective de félicitation. Le 29 juillet, un mandement de MM. les Vicaires Capitulaires prescrivit un *Te Deum* d'actions de grâces, à l'occasion de la préconisation de notre Evêque.

Le samedi 13 septembre, Mgr Bataille fut mis en

possession de son siège par le Chapitre. Par cet acte, le Prélat entra dans l'exercice de sa juridiction. Sa Grandeur nomma immédiatement Vicaires généraux : MM. Morel et Fallières, auxquels le Chapitre avait confié l'administration, à la mort de Mgr Boudinet.

Le siège de saint Firmin n'était plus vacant, mais l'Elu du Seigneur donnait au recueillement et à la prière les jours qui le séparaient encore de sa consécration épiscopale.

Enfin, le dimanche 21 septembre, fête de S. Mathieu, le sacre de Mgr Bataille eut lieu dans l'église Saint-Jacques de Douai (1).

Le consécrateur fut Mgr Régnier archevêque de Cambrai, assisté de Mgr Desprez, archevêque de Toulouse et de Mgr Lequette évêque d'Arras. Mgr Monnier évêque de Lydda, et Mgr Freppel évêque d'Angers étaient présents.

La députation du Chapitre d'Amiens se composait de MM. les Vicaires généraux, de M. Hénocque, doyen ; de M. Boucher, archiprêtre de Notre-Dame et de MM. Duval, Duclercq et Herbet, chanoines. M. l'archiprêtre de Péronne, plusieurs Doyens et Curés d'Amiens et de différentes villes du diocèse, et des Prêtres qui

(1) *Les Évêques d'Amiens*, par M. E. Soyez.

eussent été très-nombreux sans la coïncidence du dimanche, représentaient le Clergé diocésain.

Les ordres religieux avaient aussi envoyé quelques uns de leurs membres. Le Préfet de la Somme, M. Burin du Buisson, et des laïques de distinction appartenant à la ville et au diocèse d'Amiens, occupaient les places d'honneur auprès des autorités civiles et militaires de la ville de Douai.

La journée du sacre fut une journée de triomphe. Quelle pompe, quelle magnificence dans l'enceinte sacrée et dans les rues de la cité ! Quelle joie, quel attendrissement dans le cœur d'une mère, de deux sœurs dévouées, de toute une famille, de tout un peuple s'inclinant sous la première bénédiction de l'évêque dont Douai saluait le départ avec des larmes de reconnaissance, et dont Amiens attendait l'arrivée avec les tressaillements de l'espérance. Oui, alors tout était joie et espérance. *Ad multos annos !* Longues années au pontife qu'un long ministère paroissial a laissé tout brillant de jeunesse ! Longues années ! c'était le cri d'amour de tout un peuple.

On a souvent tenté l'éloge de Mgr Louis Bataille ; on a dit son zèle infatigable, ses longues stations au confessionnal où l'assiégeaient également le riche et le pauvre, sa charité sans bornes, son aménité, l'influence qu'il exerçait au sein des familles dans l'intérêt de tous ; mais selon nous, le plus magnifique éloge qu'on puisse faire de lui c'est de raconter ce que Douai a fait pour lui. A cet enthousiasme mêlé de regrets, à cet empressement filial de toute une paroisse pour témoigner sa reconnaissance au père, au serviteur, à l'ami de tous, nous avons mieux compris à quel point Monseigneur méritait d'être aimé.

Les journaux catholiques, la *Semaine religieuse* surtout, nous ont dépeint cette longue file de mâts rattachés entre eux par des guirlandes et surmontés d'oriflammes ; ces arcs de triomphe en verdure ornés de fleurs, de symbole et de devises ; ces voûtes de guirlandes en lierre, ou d'oriflammes aux couleurs variées, interrompues çà et là par des dômes élégants ; toutes les maisons décorées, les unes de bannières portant les armes et les initiales de l'évêque nommé, les autres avec des fleurs, des tapis et des feuillages... Aucune des cités voisines de Douai n'avait offert jusqu'ici dans ses fêtes religieuses et civiles autant de richesse, d'élégance et d'ensemble. En donnant à son ancien doyen ces nouvelles marques de son estime et de son affection, la ville de Douai s'était souvenue que pendant trente ans Mgr Bataille avait beaucoup travaillé pour elle, beaucoup prié, beaucoup donné, beaucoup souffert (1).

C'est avec ce cortège d'honneur, de reconnaissance et de regrets, que Mgr l'Evêque d'Amiens se rendit dans sa ville épiscopale pour y faire son entrée le 25 septembre, jour de saint Firmin, patron du diocèse.

Le 24, au soir, il était arrivé à Saint-Acheul où se trouve le tombeau de saint Firmin ; et comme les anciens chevaliers qui se préparaient à une vie nouvelle par une veillée d'armes auprès des autels, il avait passé la nuit au noviciat de la Campagnie de Jésus, tout près de l'église où reposent ses reliques vénérées, et le 25 au matin célébré la sainte messe sur l'autel qui les recouvre.

L'entrée solennelle eut lieu à dix heures et demie du matin. Elle fut digne du nouvel évêque, digne de la cité. Son plus bel ornement, c'était la foule, la foule immense, enthousiaste ; c'était la présence d'environ sept cents prêtres en habit de chœur ; ils étaient venus de toutes les parties du diocèse, pour

(1) *Semaine religieuse* du diocèse de Cambrai, numéro du 27 septembre 1873. En lisant la description du sacre et de la procession à travers les rues de la ville, les toasts portés au banquet, l'œuvre magistrale de Mgr Freppel, évêque d'Angers, sur l'origine et le caractère de la puissance épiscopale, on achèvera de comprendre ce que Douai était pour Mgr Bataille, et ce qu'il était pour Douai.

offrir à leur évêque l'hommage respectueux de leur religieux attachement et de leur filiale obéissance.

M. le doyen Hénocque adressa au nouvel évêque quelques paroles de bienvenue. Quand notre premier pasteur eut revêtu ses insignes épiscopaux, il se plaça sous le dais, et un immense cortége le conduisit à la Cathédrale.

Quatre arcs de triomphe avaient été dressés sur le passage de la procession. Les rues, parées de tentures blanches, étaient bordées par un nombre considérable de fidèles.

A Notre-Dame, l'installation se fit avec le cérémonial ordinaire. Après l'hommage rendu par le clergé au Prélat, celui-ci monta en chaire et prononça une courte allocution; il donna ensuite sa bénédiction épiscopale, et on le reconduisit processionnellement à l'Evêché.

Le lendemain vendredi, Monseigneur célébra la Messe à la chapelle du Sacré-Cœur, sur la tombe de Mgr Boudinet, et le dimanche 28 septembre, il officia pontificalement toute la journée à la Cathédrale, à l'occasion de la solennité de S. Firmin.

Le mandement d'installation du Prélat porte la date du huit septembre.

Mgr Bataille a voulu rappeler dans ses armoiries le célèbre miracle arrivé en 1254 dans la collégiale de Saint-Amé, à Douai, miracle par lequel Notre-Seigneur manifesta sa présence réelle au Très-Saint-Sacrement, en se montrant dans une hostie aux regards de nombreux fidèles, sous la figure d'un enfant. L'écusson épiscopal porte : d'azur à l'Enfant-Jésus au naturel, nimbé d'or, habillé de pourpre, chargé d'un cœur d'or, allumé de même, de la main dextre bénissant, de la main senestre montrant son cœur ; assis sur un nuage d'argent, entouré d'un nuage de même, reposant sur un calice d'or, issant d'un nuage d'argent, ombré d'azur.

A propos de ces armoiries, on lisait dans le *Dimanche* du 24 août 1873 : « Sans doute Mgr Bataille a songé à son ancienne paroisse en rappelant le Saint-Sacrement de Miracle, mais il n'a point oublié le diocèse d'Amiens, consacré au Cœur de Jésus par son vénéré prédécesseurr. Aussi peut-on constater un changement à l'image que la tradition a conservée. L'Enfant-Dieu découvre, montre son cœur et semble dire aux prêtres et aux fidèles du diocèse d'Amiens : « Ma charité avec vous tous. » A l'exemple de Jésus, le nouveau Pasteur répète : « Oui, mon cœur est à vous ! » *Charitas mea cum omnibus vobis.*

Mgr Bataille a tenu les promesses qu'il avait faites en ce grand jour. Il avait dit : « Votre évêque aura de l'affection pour tous. » Et pendant les années trop courtes de son épiscopat, il s'est toujours montré l'ami de son clergé et de son peuple.

Les servitudes de son dévouement paternel, son empressement à obliger, à répondre par l'oubli de soi à toutes les exigences, lui firent tout aussitôt suivre l'élan de son cœur qui le portait à visiter les centres les plus populeux de son vaste diocèse. Les archiprêtrés le réclamaient : Abbeville, Montdidier, Doullens, Péronne, toutes les paroisses d'Amiens, toutes les communautés voulaient posséder un moment leur évêque. Des devoirs multiples de bienséance, des convenances officielles absorbaient toutes les heures de ses premiers jours.

Cependant il était un projet que le pieux Prélat caressait avec bonheur au fond de son âme : c'était d'aller offrir les prémices de son épiscopat à Notre-Dame-de-Picardie, autrement Notre-Dame-de-Brebières. Il était, du reste à la veille de partir pour Rome et d'accomplir son premier pèlerinage au tombeau des Apôtres ; il voulait placer son voyage sous la protection de la Reine du Ciel. Ce fut le dimanche, 1er février 1874, que Monseigneur put réaliser son religieux dessein.

L'auteur de cette modeste Notice, alors chapelain de Notre-Dame d'Albert, fut l'heureux témoin de cette auguste visite au sanctuaire miraculeux. Il ne résistera pas au désir de reproduire le compte-rendu qu'il fit alors, des joies de ce beau jour. Cette page toute décolorée qu'elle soit, donnera au lecteur la note aussi juste que possible des rapports intimes qui existaient déjà entre le nouveau Pasteur et son troupeau.

La citation de ce simple épisode nous dispensera d'une foule de récits de même nature :

« Pris à l'improviste, et n'ayant que quelques jours pour tout disposer, les religieux habitants d'Albert n'en restèrent pas moins à la hauteur de leur renommée de foi et d'attachement à l'Eglise. Malgré l'heure matinale de cette auguste visite, la population toute entière était sur pied, et attendait avec un frémissement bien visible l'arrivée du Pontife qu'elle ne connaissait pas encore.

» Une procession brillante composée du clergé, de religieux et de religieuses, des enfants des pensions et des écoles, se déployait avec ordre devant la gare, pendant que M. le Maire d'Albert, au nom des autorités de la ville, dont il était entouré, complimentait Monseigneur, à sa descente du train. Bientôt fut entonné le joyeux cantique de la bienvenue, et le cortège se mit en route vers l'église. Trois arcades élégantes avaient été improvisées sur le parcours ; et à défaut de pavois préparés à loisir, il y avait les deux rangs pressés de la foule, qui témoignait de sa sympathie par un religieux silence. Autour du dais, les sapeurs-pompiers faisaient la haie, pendant que la musique de ce corps marchait en avant, alternant avec le chœur des chantres.

» Dès son arrivée à l'église, Monseigneur, n'oubliant pas le but de son pieux voyage, se rendit immédiatement à la chapelle de la Sainte-Vierge, et y célébra la messe, à laquelle assista la foule recueillie. Les communions très-nombreuses qui eurent lieu impressionnèrent bien vivement le cœur de notre premier Pasteur. Toutes les âmes pieuses avaient voulu par là donner à leur évêque un témoignage d'attachement et de filiale affection.

» A peine l'illustre pèlerin avait-il achevé l'offrande du Saint-Sacrifice, que les cloches lançant dans les airs leurs joyeuses volées, annonçaient la cérémonie de la grand'messe qui fut célébrée par M. le chanoine Duclercq, secrétaire-général de l'évêché, et à laquelle Monseigneur voulut bien présider, assisté de M. Morel, vicaire général. Les fidèles se pressèrent encore plus nombreux, s'il est possible, dans l'église élégamment ornée par les soins de M. Demarsy, dont le talent est connu. L'allégresse et la reconnaissance débordaient des cœurs : M. le doyen s'en fit alors le digne interprète en des termes chaleureux. Après avoir dit à Monseigneur toute la joie que sa présence apportait au troupeau qui lui est confié, le père sollicita pour ses enfants les meilleures bénédictions de l'évêque ; bénédictions pour tous, mais principalement pour ces centaines d'ouvriers, qui font d'Albert comme un vaste atelier.

» Ce fut sous l'influence de la plus heureuse impression que Monseigneur répondit à la belle allocution qui venait de lui être adressée ; il offrit ses vœux et ses remerciements, d'abord à M. le Doyen, au zèle et au mérite duquel il rendit un public et éclatant témoignage; à MM. les Membres des différentes administrations ; à la paroisse tout entière qu'il voua solennellement au culte de la Très-Sainte-Vierge, par une consécration touchante.

» Après la messe, Sa Grandeur reçut au presbytère M. le Maire et les Conseillers municipaux, les Conseillers de Fabrique, l'état-major de la Compagnie des Pompiers, les Membres de la commission du bureau de bienfaisance, le bureau de la Société de Secours mutuels, les Dames de la Société de Saint-Vincent-de-Paul, et les Chefs d'institutions. Toutes les classes étaient représentées dans cet hommage rendu à notre digne Prélat.

» Aux vêpres, Monseigneur voulut bien officier pontificalement, au milieu d'une affluence de peuple toujours croissante. La solennité reçut un nouvel éclat par la beauté des chants qui furent exécutés. On avait ménagé une surprise pleine de délicatesse et d'à-propos en interprétant une œuvre de Mgr Bataille lui-même, les litanies de Marie-Immaculée, qui, mises sur un rythme musical des plus gracieux, et exécutées à deux voix, de la façon la plus artistique, firent le meilleur effet sur l'assistance.

» Dans l'après-midi, Monseigneur, fidèle à sa devise de charité, se transporta à l'Hospice voulant adresser une parole de consolation à ceux que leurs infirmités retenaient loin des joies de ce beau jour. Mais ce fut surtout dans les patronages, récemment fondés par M. le doyen d'Albert, que son âme se dilata et se répandit avec effusion, pendant qu'il parlait aux jeunes personnes de la dévotion à la Reine des Vierges, et aux ouvriers des devoirs de leur position. Ces chers ouvriers, qu'il a, sur un autre théâtre, tant connus et tant aimés, comme il les conjurait de rester fidèles à la religion qui les protège, et à la vertu qui les ennoblit !... Sa parole si forte et si persuasive a trouvé le chemin des cœurs et gagné toutes les sympathies.

» Le vénéré Prélat avait été poursuivi, toute la journée, par les assiduités de la foule qui aurait volontiers envahi le presbytère pour obtenir une bénédiction de son évêque... et, quand il lui fallut enfin, le cœur plein d'émotion, dire adieu à une population qui l'avait si bien accueilli, il fut encore accompagné par une escorte d'honneur, tant il est vrai que la sainteté a un parfum qui réjouit et un attrait qui sollicite.

» Par un privilège qui semble attaché à la personne de Monseigneur, la température avait été des plus clémentes, et le soleil nous avait envoyé presque un sourire de printemps. Mais ce jour fortuné a passé ; au moins en restera-t-il à Albert quelque chose qui ne passera pas : un touchant souvenir ! »

Sa dévotion pour la mère de Dieu, le pieux évêque l'avait puisé dans le cœur même de Jésus ; car il devait mériter plus tard d'être appelé « l'évêque du Sacré-Cœur. » Le premier acte important de son épiscopat fut donc de répondre à l'appel solennel de Mgr l'archevêque de Paris, pour l'œuvre du Vœu national. Avec quel zèle il engage ses pieux diocésains dans cette œuvre capitale.

« Il s'agit, dit-il, d'une œuvre expiatoire et réparatrice, par cela même d'une œuvre éminemment nationale. Quiconque aime sa patrie doit par tous les moyens travailler à assurer sa grandeur. Elle ne se relèvera que de la main de Dieu, et nous n'y pouvons compter que si nous nous rendons son cœur favorable par nos actes de repentir, par nos sacrifices, par nos prières.

» L'église du Sacré-Cœur élevée, embellie par les offrandes de tous les fidèles, se dressant au point culminant de la capitale, sur les ossements de nos premiers martyrs, placée entre le ciel trop souvent méconnu et la terre trop souvent coupable, sera l'attestation solennelle de notre retour vers le bien, dira au monde entier qu'au milieu de nos épreuves nous avons su nous souvenir de Celui qui ne demande qu'à pardonner, et appellera sur le pays qui en a tant besoin les trésors de son inépuisable miséricorde. »

C'est en ces termes chauds, onctueux et élevés, que le zélé pasteur parlait des miséricordes de son Dieu et des titres de sa patrie à la protection spéciale de la divine Providence. On sent que la flamme du cœur de l'évêque allumée au foyer ardent du cœur de Jésus brûle du feu d'un double amour : celui de la patrie céleste, qui est l'Église unie à Dieu et celui de la patrie terrestre, qui est la France unie à l'Église. Ces deux amours n'en font qu'un dans son âme ; et nous l'entendrons bientôt, dans une lettre pastorale du 15 janvier 1874, adresser à tous ses prêtres cet avis plein de patriotisme :

« Recommandez aux fidèles d'accomplir mieux que personne leurs devoirs de citoyens, d'observer scrupuleusement les lois de leur pays et d'être les premiers à la soumission, lorsqu'ils le peuvent sans trahir ou compromettre leur foi. »

Celui qui ne voulait pas que l'on manquât de soumission au pouvoir civil n'avait pas moins de souci pour l'obéissance due aux lois du Tout-Puissant ; et son premier Mandement de carême roule tout entier sur l'obligation de servir Dieu et de rejeter les vains prétextes dont se couvre l'indifférentisme en matière de religion. Fidèle à sa devise de charité, Monseigneur s'adresse d'abord aux plus nécessiteux : aux pécheurs et à ceux qui vivent éloignés de toute pratique religieuse :

Nous aurions hésité sur le choix du sujet, N. T.-C. F., si le texte de notre récente devise ne s'imposait tout naturellement à nous dans cette première instruction pastorale. *Charitas mea cum omnibus vobis :* cette charité, vous y avez tous un droit égal sans doute puisque, devant le Dieu qui nous l'inspire, nous sommes le père spirituel de tous. Toutefois, de même que dans une famille les enfants plus malheureux sont ceux vers qui s'inclinent tout d'abord la sollicitude et la tendresse des parents, n'est-il pas juste que ceux qui vivent loin de J.-C. aient le premier mot de nos lèvres et le premier vœu de notre cœur ? Quand le Sauveur est venu racheter le monde, ce sont ceux-là qui ont eu le privilège d'exciter spécialement sa charité ; c'est à eux qu'il a dit d'abord : « Venez à moi ! » Son incarnation, sa crèche, ses larmes, ses miracles, son sang versé, sa mort, tout proclame cette préférence que notre foi comprend et que son amour explique : « Je ne suis pas venu pour les justes, disait-il, mais pour les pécheurs. »

Dans le cours de cette même instruction, il nous fait mesurer toute l'élévation de sa pensée en découvrant l'idée prodigieuse qu'il s'est faite du pontificat.

« L'Eglise qui est admirable en toutes choses a donné aux premiers pasteurs des diocèses le nom de Pontife. Le Pontife, dans le sens littéral du mot, c'est l'homme qui, placé par un ministère sublime entre le ciel et le pécheur, les relie l'un à l'autre, comme un pont relie deux rivages séparés par un abime, *pontum facere.* »

Pour lui donc, la dignité pontificale n'est ni un honneur proprement dit, ni un avantage humain ; c'est une charge et un office de charité. Que de promesses dans un tel début ! et pourquoi faut-il que l'arrêt de la mort soit si vite venu interrompre l'œuvre d'un tel amour !

On a dit que « le style c'est l'homme. » C'est donc dans les œuvres pastorales de notre saint évêque qu'il nous faut rechercher les traits de cette grande âme qui, malgré toute sa dignité, aimait à se dérober aux regards de la curiosité vulgaire sous le voile de l'humilité chrétienne. Les instructions et mandements de Monseigneur, trop peu nombreux, hélas ! à notre gré, après avoir fait l'édification de ses contemporains, contribueront certainement à faire pleinement connaître à la postérité cette grande et noble figure. Peut-être, à quelque jour, croira-t-on devoir les offrir au clergé et aux fidèles d'Amiens, en un faisceau d'où rejailliront pour tous les rayons lumineux de la science théologique et de la véritable parole de vie. L'accueil fait par le public à l'humble feuille du « *Pieux souvenir*, » où nous avions essayé de synthéser, pour ainsi dire, les utiles leçons du regretté Prélat, assure d'avance le succès à une édition complète des œuvres pastorales de Monseigneur. En attendant que ce travail se fasse, continuons d'interroger les pages où se reflète avec une si frappante exactitude la physionomie de notre évêque.

Deux grandes causes, plus ou moins compromises à notre époque, lui avaient toujours tenu à cœur ; mais plus encore s'il est possible du jour où il avait été associé au gouvernement de l'Eglise : les destinées de Rome chrétienne sous un Pontife découronné, et l'éducation religieuse de la jeunesse.

Pie IX avait eu le culte de son amour et de sa vénération. Quand notre évêque parlait de ce père commun des fidèles, il ne procédait que par exclamations : « Pie IX, c'est-à-dire le père de la grande famille.... le Pontife de la droite de Dieu, J.-C. vivant dans son Église, l'infaillible successeur de Pierre ; prodige de sagesse, de bonté, de lumière, de force.... Ah ! qu'il vive, qu'il règne longtemps encore.... » Pie IX connut et surpassa les années de Pierre. Mais un jour vint cependant où l'Eglise se vit privée de son Chef glorieux. Notre évêque ressentit de cette mort la douleur la plus profonde ; il se plut à la témoigner hautement, aussi bien par les funérailles magnifiques qu'il fit faire à Notre-Dame, à la mémoire du père vénéré des chrétiens, que par ces larmes du cœur qu'il fit passer plus d'une fois en ces tristes circonstances de ses yeux sur ses lèvres et qui sortaient de sa bouche en flots d'amertume tempérée par l'espérance et la résignation.

Cependant le veuvage de l'Eglise ne fut pas de longue durée ; et bientôt Pierre reparut en Léon. Notre zélé prélat ne fut pas des derniers à aller visiter le nouveau Pontife. La mort seule de l'auguste vieillard du Vatican l'avait arrêté sur le chemin de Rome, où il se rendait pour la seconde fois. L'avènement de Léon XIII fut salué, dès les premiers jours, par le digne représentant de l'Eglise d'Amiens.

Le cardinal Pecci et Mgr Bataille avaient eu occasion déjà de se connaître et de s'apprécier, en d'autres circonstances.

Le Pape ne renia point l'Évêque ; l'accueil le plus cordial attendait ce dernier au Vatican. Le titre de Comte romain et d'Assistant au trône pontifical ne pouvait manquer d'être le corollaire de ces augustes relations renouées au tombeau des SS. Apôtres. En agissant ainsi le pouvoir religieux ne faisait que s'unir au représentant de l'autorité civile en France, qui, déjà s'était plu à attacher sur la poitrine de Mgr Bataille la croix de la Légion d'honneur. « Je n'ai pas mérité un tel honneur », aurait dit Monseigneur, en cette dernière occurence. — « Nous connaissons vos œuvres, » aurait répondu le maréchal de Mac-Mahon, président de la République. Ainsi, toutes les voix concouraient au même concert de louanges offert au trop méritant Evêque d'Amiens. Mais de même que la croix d'honneur n'avait pu rien ajouter à son patriotisme, de même la qualité de comte romain ne fut pas capable d'augmenter son dévouement à à l'Eglise [1].

Dans ses visites, *ad limina*, comme il était heureux

(1) On sait que, plusieurs fois, Mgr Bataille refusa de devenir archevêque, disant : « on ne quitte Amiens que pour monter au ciel. »

de ne se présenter que précédé de riches offrandes ! « Donner au pape, écrivait-il un jour, donner au pape, en ce moment, c'est donner au pauvre, et donner au pauvre c'est donner à Dieu. »

Son dévouement à l'Eglise et à la Papauté ne lui faisait cependant pas oublier la grande cause de l'éducation cléricale et chrétienne, et c'était la seconde préoccupation de son esprit. La lettre sur les vocations ecclésiastiques et ses constants efforts en font foi. L'Assemblée nationale venait de rendre à l'enseignement supérieur le bénéfice de la liberté. Aussitôt les évêques s'assemblent et mettent en commun leurs prières, leurs idées, leurs ressources, pour la fondation d'Universités catholiques, où la jeunesse française pourra recevoir enfin un aliment spirituel purgé de tout alliage impur. La province de Paris et celle de Cambrai furent les premières à l'œuvre, et dans ce grand mouvement, l'Evêque d'Amiens se plut à déployer toutes les forces de son zèle. N'est-ce pas, en effet, grâce à ses pieux efforts, que notre diocèse figure au premier rang parmi les plus généreux ? Deux chaires, l'une placée sous le patronnage de Saint-Firmin, l'autre qui porte le nom de Saint-Riquier ; deux fondations, l'une complète, l'autre largement ouverte, rediront aux générations futures la haute intelligence et le désintéressement profond de Mgr Louis Bataille, évêque d'Amiens.

L'œuvre de l'enseignement supérieur, si chère au cœur de notre évêque, n'absorbait cependant pas sa pensée au point de lui faire négliger l'éducation des enfants du peuple.

Avec le coup d'œil de l'intelligence et l'intuition du dévouement, il sut connaître aussi les besoins de l'heure présente, relativement à la préservation sociale dans les écoles de l'enfance. D'autres se seraient troublés peut-être, au milieu des exigences d'une situation toute nouvelle. Mais lui, appuyé sur la foi aux promesses d'immortalité faites à l'Eglise par Dieu même ; sans violence, comme sans faiblesse ; sans avoir recours à ces récriminations vaines et dangeureuses qui témoignent plus de l'impatience que d'un zèle véritable, il sut attendre, l'œil en éveil, le moment de l'action. Et puis, cette heure venue, fort des droits de la conscience et des énergies d'une autorité morale grandie par la patience, il apparut à la hauteur de ses obligations nouvelles, et capable de résister aux tentatives liberticides de certains esprits égarés par le miroitement trompeur d'un progrès chimérique. L'école primaire supérieure libre de la rue de Noyon inscrira dans ses annales le nom de son auguste fondateur.

Personne, mieux que Mgr Bataille, n'a compris les éminents services que rendent chaque jour les ordres religieux à l'Eglise et à la Société. Aussi, sous son inspiration, son beau diocèse, ouvert déjà comme une terre généreuse à toutes les saintes végétations de la vie religieuse, fut-il heureux d'accueillir dans son sein les vigoureux rejetons de ce grand arbre que le P. Eudes, peu connu du monde des vanités, mais vénéré dans le monde des âmes, sut implanter sur notre sol français, avec la bénédiction du Seigneur. Les RR. PP. Eudistes succédèrent à Abbeville, dans le courant de l'année 1878, aux religieux de Saint-Dominique, appelés à travailler sur un plus vaste théâtre, au milieu de la chrétienne population d'Amiens.

Redire seulement toutes les œuvres que le bon Pasteur sut fonder, développer, encourager dans le diocèse, serait un tâche au-dessus de celle qui incombe à un simple biographe. Contentons-nous de rappeler les efforts tentés pour l'institution des retraites gratuites, pour la propagation de l'œuvre de la sanctification du dimanche ; les encouragements apportés à cette Sainte Enfance française qu'on appelle l'Adoption et à ces nombreuses associations de charité qu'il serait trop long d'énumérer.

C'est à lui que nous devons la recrudescence de

solennité apportée à la fête et à l'octave de la nativité de saintJean-Baptiste.

Grâce à ses soins, un décret de la sacrée Congrégation des rites, en date du 19 décembre 1878, rétablissait pour le diocèse d'Amiens, la fête de la réception de la face du saint Précurseur, tandis que l'antique usage de suspendre la sainte Réserve dans une pixide en forme de colombe, au milieu de la magnifique gloire qui décore le fond du sanctuaire, était renouvelé à l'église cathédrale d'Amiens, la seule de France qui possède ce gracieux privilège.

Comment comprendre qu'avec le souci de tant de travaux, accomplis en un si court espace de temps, le vigilant Pontife ait encore pu visiter deux fois son diocèse entier, et consacrer vingt-cinq églises ou chapelles ?

Nous ne résistons pas au désir de donner ici la liste de ces monuments religieux voués au culte catholique par l'auguste et infatigable consécrateur : si nous nous taisions, les murs prendraient une voix ; ce furent les églises de :

Moreuil,	26 mai 1874.
Bovelles,	7 juillet 1874.
Pont-Remy,	13 juillet 1874.
Lignières-hors-Foucaucourt,	21 juillet 1874.
Poulainville,	29 juillet 1874.

Flesselles,	29 septembre 1874.
Le Crotoy,	5 octobre 1874.
Méneslies,	6 octobre 1874.
Buire-Courcelles,	5 novembre 1874.
Nouvion-en-Ponthieu,	30 mars 1875.
Saint-Jacques, à Abbeville,	27 mai 1875.
Gorenflos,	7 juillet 1875.
Molliens-au-Bois,	27 juillet 1875.
Breuil,	29 juillet 1875.
Fréchencourt,	23 septembre 1875.
Etinehem,	7 octobre 1875.
Hospice St-Vincent-de-Paul, à Amiens,	13 novembre 1875.
Ville Saint-Ouen,	16 novembre 1875.
Chapelle des Religieuses de Louvencourt, à Doullens	17 août 1876.
Chapelle du monastère de Ste-Claire, à Amiens,	5 mars 1877.
Saleux,	8 avril 1877.
Sainte-Famille, à Cagny,	12 novembre 1877.
Mesnil-St-Nicaise,	24 avril 1878.
Neuville-Coppegueule,	2 mai 1878.
Vignacourt,	2 octobre 1878.

Rappelons aussi que le mercredi 9 octobre 1878, Monseigneur procédait à la bénédiction de la chapelle du Lycée.

Promoteur et instigateur de l'œuvre de la construction d'une église dans les nouveaux quartiers si populeux de Saint-Roch, il lui eût appartenu, après en avoir posé la première pierre, de marquer ses murs de l'onction sainte de la consécration. C'était assurément le vœu de son cœur, si grand ouvert à la classe intéressante des travailleurs chrétiens. — S'il n'a pu couronner lui-même le faîte de l'édifice, du moins, il en a posé les fortes assises, et l'œuvre assurée de son avenir appartient véritablement, on peut le dire, au zèle de Mgr Bataille.

III

Après avoir crayonné à grands traits le portrait de l'évêque, il faudrait essayer de retracer les vertus de l'homme privé. Mais, c'est à peine s'il est couché dans sa tombe celui que nous avons tous connu. On ne mesure bien les proportions, les lignes architecturales et les richesses d'un édifice, que lorsqu'il est à terre. Or, notre sympathique évêque est encore debout dans nos cœurs ; nos yeux eux-mêmes, dans l'illusion d'une filiale affection, l'aperçoivent encore dans l'appareil majestueux des pompes religieuses, qu'il savait si bien rehausser par une dignité incomparable. N'a-t-on pas vu, plus d'une fois, des étrangers s'arrêter comme subjugués devant le trône épiscopal et l'autel où pontifiait le prélat ? C'est sous ces traits de noble et chrétienne grandeur que nous le voyons toujours et que son image vivante encore vient hanter nos esprits.

Dès lors, pourrions-nous nous arrêter aux détails de cette riche nature, et nous perdre dans l'examen de ses brillantes qualités ? Qui, du reste, en dehors de Dieu, est capable de scruter les reins et les cœurs ? Que de trésors enfouis dans la terre ! que de perles perdues dans la cendre ! Dieu qui voit tout peut seul juger et récompenser les mérites de ses élus !

D'autres pourtant, placés à distance et par là même plus haut que nous, verront se dessiner avec plus de netteté les contours et les horizons de cette grande âme. Ils diront sa belle intelligence, la bonté de son cœur et l'énergie de sa volonté ; car, c'est là tout l'homme ; et qui possède ces qualités est vraiment grand aux yeux de ses semblables. Ils pourront, remuant la poussière d'or de sa pensée, et relevant tour à tour la délicatesse et le charme de ses lettres publiques ou privées, la force de ses instructions pastorales, la haute spiritualité de ses Chemins-de-croix qui faisaient courir et pleurer des populations entières et qui feront désormais les jouissances des âmes pieuses, puisque, livrés à l'impression, ils seront bientôt mis à la disposition des fidèles ; ils pourront, dis-je, nous révéler dans Mgr Bataille toutes les qualités solides et brillantes du littérateur chrétien. Ne sait-on pas quel prix il attachait aux œuvres de l'esprit ? Plus d'une fois, de jeunes et timides auteurs eurent le bonheur de trouver dans l'Evêque d'Amiens un maître savant et dévoué aux lumières duquel ils se plaisaient à recourir. Ce que dira la postérité, nous le pouvons préjuger, sans toutefois oser le dire maintenant. Mais pour connaître un homme, il faut l'entendre ; et c'est surtout dans le langage intime de la correspondance que se révèle une âme. Il nous faut donc citer quelques-unes de ces lettres, où la tendresse et le charme le disputent à l'élévation des sentiments.

Ces douces expansions d'une belle âme nous feront connaître tout à la fois son esprit et son cœur.

C'est à la complaisance de saintes religieuses que nous devons ces précieuses communications : qu'elles en reçoivent ici l'expression de notre respectueuse reconnaissance.

25 *Juin* 1878. (1)

Ma vénérée Mère,

Vous avez le secret des filiales délicatesses. La lettre de saint François que vous avez l'attention de m'envoyer est une vraie perle : il n'y a que lui pour dire des choses si pieuses avec cette suavité, cette poésie, cet à-propos, cette simplicité qui coulent de sa plume et de son cœur comme autant de parfums. Si j'avais ressenti un peu de fatigue après la journée de dimanche, cette lecture m'eût été un doux repos. — Quelle gloire en effet, quelle céleste jouissance pour l'Evêque comme pour le Prêtre de porter ainsi contre

(1) Après la Procession du Très-Saint Sacrement.

son cœur durant plusieurs heures le Dieu qui se nomme si bien le Dieu d'amour.

Une inscription lue sur le parcours dans vos environs m'a fait, il est vrai, penser que nous longions une des murailles de vos jardins, et ma bénédiction a été dirigée vers la pieuse communauté.

25 *Août.*

MA VÉNÉRÉE MÈRE,

Votre cher saint François est trois fois magnifique ; il fait l'admiration de tous ceux qui le voient. Je l'ai sur ma table de travail sous les yeux ; il me redit à toute minute ses vertus et vos bontés. Pensez bien qu'il vous vaudra plus d'un pieux souvenir devant le bon Dieu. Quelque chose de plus précieux encore peut-être, c'est votre bonne lettre, c'est l'expression de vos vœux, c'est cette délicate attention d'appliquer au pauvre Evêque d'Amiens les paroles du grand Evêque de Genève. Merci de tout cela, ma bonne mère ; soyez auprès de vos chères filles l'interprète de ma reconnaissance. Je vous bénis toutes, et vous renouvelle dans ma reconnaissance, l'expression de mes humbles et paternels sentiments en N.-S.

27 *Septembre* 1878. (1)

MA VÉNÉRÉE MÈRE,

Au moment de vous répondre, j'ai jeté les regards des yeux et du cœur sur ce pieux et bon saint François de Sales que j'ai reçu le 24 août dernier, et qui est là devant moi sur ma table de travail « Père, que dois-je dire à votre chère fille en J.-C. ? » — Il a croisé les deux mains sur la poitrine (c'est son geste habituel) et voici ce que j'ai cru entendre :

(1) Gracieux refus.

« Je comprends les saintes impatiences et le louable désir de la Communauté, mais rappelle à la vénérée supérieure que.... « La charité c'est le grand précepte, il l'emporte sur tous les autres : *super omnia charitatem.* » J'ai fait ma commission, ma bonne Mère ; heureux des renseignements si consolants qui terminent votre bonne lettre, je bénis Dieu avec vous, et vous renouvelle très-vénérée mère, l'assurance de mes humbles etc...

18 *Février* 1879.

Je ne sais vraiment en quelle langue vous dire merci ! Vous parlez de sollicitude filiale ; c'est une sollicitude de mère, plus que cela : de grand'mère, que vous avez pour le pauvre malade. Je ne crains qu'une chose en me servant de telles douceurs : de rendre un peu plus long mon purgatoire. Saint François se servait de pareils préservatifs. Vous paraissez prendre la responsabilité de cette immortification, ceci me rassure et me décide. Ma santé est meilleure, particulièrement sous le rapport de ces crises de poitrines qui m'enlevaient la respiration. C'était nerveux du reste. Ce qui persiste davantage, c'est l'affection de ce que le médecin appelle la muqueuse intestinale. L'appétit est toujours par trop modéré et la digestion difficile. Le sommeil, cependant reste bon. — Dieu verra ce qu'il doit faire de son serviteur. Je m'en remets là-dessus à sa souveraine volonté. — Je sais vos bonnes prières, ma chère Mère, et celles de la Communauté et des enfants ; j'en suis touché plus que je ne puis dire, et je prends la confiance d'y compter encore. — Avec ma meilleure bénédiction pour toutes, veuillez agréer, ma digne Mère, la nouvelle expression, etc.

Amiens, le Vendredi saint 1879.

Ma révérende Mère,

« L'Evèque du Sacré-Cœur » comme m'appelle ce matin dans une lettre Madame Louis Dupont de Douai, est sur la croix avec le bon Maître. Il souffre et il offre ses souffrances pour votre pieuse Communauté, pour vos chères enfants, pour tant d'âmes qui s'intéressent à sa misérable santé.

Merci, oh ! merci de vos prières. C'est tout ce qui reste. Il est vrai que c'est beaucoup puisque la prière est si puissante devant Dieu. Je ferai moi-même la neuvaine à N.-D. de Foy.

Demandez surtout à Dieu le calme, la résignation la plus entière. Je ne veux que sa volonté et je suis prêt à tout, mais le jardin des olives se trouve dans l'histoire de toutes les Passions.

J'envoie à vos chères enfants qui vont partir ma meilleure bénédiction ; prenez-la pour vous-même et pour vos chères filles, ma vénérée Mère, et croyez toujours à mes respectueux et paternels sentiments en N.-S.

23 *Mai* 1879.

Ma vénérée Mère,

Votre bonne sœur a fait un miracle (1). Ce travail pénible et long demandait au moins dix jours et le voici déjà parfaitement achevé. Veuillez être auprès d'elle l'interprête de ma reconnaissance et lui demander pardon de lui avoir ainsi

(1) La copie des Chemins-de-Croix.

infligé l'ennui de reproduire pendant quatre jours consécutifs ma pauvre prose.

M. D. a dû vous dire combien j'ai été touché de l'idée que vous avez eue de déposer quelques temps chez moi le précieux gant de saint François de Sales. J'y ai grande confiance, et l'ai fait placer dans mon alcôve de façon à l'avoir toujours sous les yeux.

Paternelle bénédiction à toutes et mille remerciements encore.

Les lignes qu'on vient de lire ont pu rappeler les précieuses et douces qualités de l'esprit qu'admiraient tous ceux qui avaient le bonheur de s'approcher de l'Evêque d'Amiens. Sa noble fermeté n'est pas moins connue : témoins ces avis et ces recommandations qu'il prodiguait aux membres de son clergé, pendant les retraites ecclésiastiques, où il se constituait lui-même prisonnier pour présider les exercices ; témoin le secret des délibérations de son conseil si bien gardé ; témoin l'invariabilité des mesures administratives qu'il croyait utile d'adopter, témoin enfin la justice de ses jugements dans les affaires litigieuses, où le droit triomphait toujours quelle que fût la qualité des personnes. Homme de caractère selon le monde, Monseigneur était l'homme de la piété selon Dieu. Il ne voulait pas que les prêtres missent de la précipitation dans l'offrande du Saint Sacrifice, et lui-même donnait à l'autel l'exemple d'une religieuse gravité. Cette gravité toutefois, n'avait rien d'austère ; elle était aimable avant tout : et dans l'intimité il pratiquait le laisser-aller d'une bonne simplicité. — Celui qui, à Douai, n'avait pas craint de se donner à tous, sut, à l'Evêché d'Amiens, rester fidèle à son passé. — Un trait piquant le dira mieux que de longues phrases.

Un jour que Sa Grandeur en promenade aux environs d'Amiens, était descendue de voiture et s'avançait à pied sur le chemin, en compagnie d'un Prêtre qu'il honorait de son amitié (1), une cariole rustique vint à passer. Une femme conduisait. — Tout-à-coup, effrayé sans doute par le carrosse épiscopal, le cheval de la brave femme s'emporte. Celle-ci de s'écrier, parlant à Monseigneur : « Monsieur le curé, à mon secours, s'il vous plaît ! » Sans plus de façon, Monseigneur s'approche, saisit vigoureusement le cheval par la bride et le remet en droit chemin. — Cette petite scène ne peint-elle pas admirablement la simplicité de l'Evêque !

Dans ses rapports avec les membres de son clergé, la note dominante était une paternelle bonté.

(1) M. l'abbé Martha, aumônier des Franciscaines de Ste Elisabeth, à Paris.

C'était souvent à la table de son Evêque qu'un ecclésiastique apprenait le nouveau poste auquel il était destiné. Comme il savait, avec ses prêtres, se réjouir de leurs succès, s'affliger de leurs peines. En toutes circonstances, il puisait dans son cœur une parole d'encouragement et de charitable intérêt.

A leur tour, les communautés religieuses avaient ses sympathies profondes, et pour ainsi dire la fleur de ses sentiments dévoués ; et la Révérende Mère supérieure de la Visitation pouvait, en toute vérité, le comparer au doux saint François-de-Sales.

Dans ses rapports avec les personnes du monde, que d'affabilité ! que de noble condescendance ! Il était, à toute heure, à la disposition de tous ; le premier venu avait des droits à ses égards, et il savait trouver un mot aimable, même pour les importuns. Les orphéons de Douai, et une foule de personnes appartenant à toutes les classes de la société douaisienne, savent si notre Evêque avait la mémoire du cœur. Mais ses diocésains surtout, les Benjamin de son amour, n'oublieront pas les tendresses de celui qui rappelait si bien parmi nous le bon Pasteur.

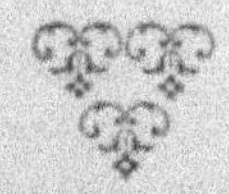

IV

« Le bon pasteur donne sa vie pour ses brebis. » Le Pasteur de l'Eglise d'Amiens avait donné sans compter son temps, ses veilles, sa sollicitude et son amour. Un jour trop prématuré, hélas ! devait venir où lui aussi donnerait sa vie pour son peuple. Car comment expliquer autrement que par les saintes imprudences du zèle, la ruine subite d'une santé si florissante ? Il nous semble encore le voir, infatigable au milieu de ses interminables tournées pastorales, confirmant les enfants, visitant les écoles, consolant les malades, portant aux riches et aux pauvres, aux justes et aux égarés une parole vivifiante. Tant la sève semblait déborder de cette riche nature.

Nous le voyons encore à la veille des derniers et funestes événements, dans le cours de l'année 1878, présidant aux noces d'or de deux vénérables chanoines (1) de l'insigne basilique de Notre-Dame.

« *Ad multos annos !* » disions-nous, comme au

(1) MM. les chanoines Jourdain et Herbet.

jour de la consécration épiscopale. — Hélas ! ces années que nous lui souhaitions, semblables aux eaux des fleuves qui se perdent dans la mer, devaient bientôt s'écouler dans l'Océan sans limite de l'éternité.

La santé de Monseigneur devenait délicate et chancelante ; et cependant il trouvait encore la force de renouveler à Notre-Dame de Brebières et au tombeau de saint Firmin une suprême visite [1].

Vivant des énergies du passé, il se condamnait aux fatigues d'une ordination, aux Quatre-Temps de Pâques. Mais alors, c'était bien moins par les forces épuisées du corps que par les ressorts infatigables de l'âme, qu'il s'agitait dans le cercle de ce qu'il croyait être son devoir. Monseigneur ne se faisait pas illusion, du reste ; on l'entendit déclarer alors, qu'il venait d'accomplir pour la dernière fois, les fonctions augustes de l'épiscopat. Personne ne le crut, pas même les représentants de la science, pour qui l'affaiblissement continuel de l'auguste malade était une sorte de mystère.

Cependant on s'alarme bien vite pour un objet aimé ; et les pieux fidèles d'Amiens comprirent tout de suite leur devoir. Prières, neuvaines, messes cé-

(1) La dernière sortie de Monseigneur fut une visite à l'Ecole libre Saint-Martin.

lébrées à l'intention de Monseigneur, rien ne fut épargné. De même qu'il s'était plu à étendre le culte de saint Jean-Baptiste, notre évêque venait de restaurer la dévotion à Notre-Dame de Foy. La statue miraculeuse de la Vierge, tirée d'une sorte d'obscurité où elle était restée pendant de longs jours, avait été, par ses soins, replacée dans un milieu plus digne de sa réputation séculaire. C'est là que se pressèrent pendant plusieurs mois de nombreux fidèles animés d'une foi entière à la puissance et à la miséricorde de la Vierge Marie.

Notre-Dame de Foy est-elle restée sourde à tant de supplications ? Nous ne le croyons pas ; car en présence du spectacle auquel nous allons bientôt assister, il nous est bien permis de demander, nous aussi, à la mort où est sa victoire ? Les douleurs lentes et sourdes qui minèrent le cher malade n'eurent, on peut l'affirmer, ni l'intensité, ni l'acuité qui accompagnent d'ordinaire l'affection morbide dont mourut Monseigneur ; et c'est là, certes, une grâce appréciable.

Mais c'est peu encore, si l'on considère avec quel calme, quelle résignation, j'allais dire quelles allégresses, l'héroïque malade envisagea le dénouement fatal. Comment comprendre cette inaltérable sérénité devant la mort s'avançant à pas lents, mesurés, et fatalement comptés ? Pas un nuage de regrets ou de tristesses ne vint assombrir cette âme fortement trempée par la foi. C'est en face qu'il regardait la mort.

Mais plus un événement semble éloigné, plus il paraît impossible surtout lorsqu'il doit être funeste. Le bon peuple continuait donc à se faire illusion sur l'état véritable de son Evêque ; lorsqu'une nouvelle semblable au bruyant éclat du tonnerre après un orage longtemps préparé, vint tout-à-coup bouleverser les esprits et jeter la terreur dans les âmes. Les journaux de la cité, auxquels nous n'avons plus désormais qu'à faire de larges emprunts, s'en étaient fait le lamentable écho Une note émanant de l'Évêché disait en substance : « L'état de faiblesse de Monseigneur s'accentue tous les jours. Voulant donner à ses Diocésains un exemple qui leur a été si souvent recommandé, et montrer une fois de plus qu'il y a des grâces de force dans l'Extrême-Onction, Sa Grandeur vient d'exprimer devant ses Vicaires généraux et son Chapitre, le désir de recevoir le saint Viatique, selon les Rites prescrits par le Cérémonial des Evêques » (1).

A la date du 28 mai, MM. les Vicaires généraux

(1) L'héroïque malade traça lui-même cette note, de sa main défaillante.

adressaient à tous les Curés du diocèse la circulaire suivante :

Monsieur le Curé,

Monseigneur l'Evêque a demandé à recevoir le saint Viatique et le sacrement de l'Extrême-Onction. La cérémonie aura lieu vendredi à cinq heures du soir, suivant les Rites prescrits par le cérémonial des Evêques.

Ce n'est pas sans que notre main tremble et que tout notre cœur se déchire que nous faisons cette communication solennelle.

Nous aurions voulu reculer ce moment ; il nous semblait que malgré l'affaiblissement qui se produit depuis quelques jours, l'état de notre vénéré malade n'était pas alarmant à ce point qu'on ne pût et qu'on ne dût attendre encore, pour lui procurer la grâce et le secours des derniers Sacrements.

Mais devant le désir de notre saint et bien-aimé Pontife, nous n'avions qu'à nous incliner ; nous avons compris d'ailleurs qu'après avoir si souvent recommandé à son peuple de ne point se laisser surprendre, Monseigneur tenait à lui donner ce grand exemple, prêchant jusqu'à la fin par ses actes et par ses vertus.

Nous voulons espérer que ces onctions saintes si utiles à l'âme ne seront pas sans efficacité pour le corps.

Mais quoiqu'il en soit des desseins de Dieu et des mystères impénétrables de sa Providence, nous trouverons dans une prière ardente, incessante, unanime, un adoucissement à notre douleur.

Nous savons que de toutes les paroisses s'élèvent chaque

jour vers Dieu les plus touchantes et les plus filiales supplications.

Qu'elles deviennent dès cet instant plus nombreuses et plus pressantes encore ; jamais nous ne saurons assez reconnaître tout ce que le Pasteur de nos âmes a été et a fait pour nous.

Agréez, M. le Curé, l'assurance de notre respectueux dévouement,

B. MOREL, FALLIÈRES,
Vicaires généraux.

M. l'abbé Fallières, vicaire général, nous a fait dans la *Semaine religieuse* le récit émouvant de l'acte solennel annoncé plus haut.

Vendredi 30 mai, Mgr l'Evêque a reçu les derniers Sacrements à 5 heures. Au moment où les bourdons ont commencé à tinter à la tour de la Cathédrale, le clergé sortant par la porte de la Vierge-Dorée, s'est rendu processionnellement au Palais épiscopal. Précédé des prêtres de la paroisse Notre-Dame, des Curés de la ville et des Chanoines, le vénérable Doyen du Chapitre s'avançait sous le dais portant le Très-Saint Sacrement. Une foule respectueuse et émue se pressait autour du clergé et pénétrait après lui sous les ombrages de la grande allée qui conduit à l'entrée principale du Palais.

Les Vicaires généraux, en habit de chœur, et un grand nombre d'autres prêtres, parmi lesquels nous avons remarqué M. Voclin, archiprêtre de Saint-Vulfran, M. Limichin, supérieur de l'Ecole libre de Saint-Martin, M. Colombier, aumônier de la garnison, M. Pattinote, directeur de l'orphelinat du Petit-Saint-Jean, attendaient dans le vestibule et ont reçu à genoux sur les escaliers .du perron, l'hôte divin qui venait visiter et consoler l'auguste malade, dont tant et de si ferventes prières ont demandé la guérison.

Après avoir traversé la salle du Synode et le corridor des tableaux, le cortège sacerdotal est arrivé jusqu'à l'appartement où se tenait Monseigneur, jusqu'à ce cénacle intime dont il nous a été donné de contempler le mystère et que nous voudrions, par un récit fidèle, ouvrir au Diocèse tout entier.

Assis dans un fauteuil, revêtu du rochet, de la mozette et de l'étole, le saint Evêque, qui ne pouvait se lever, à cause de sa faiblesse, a essayé de se laisser tomber à genoux, au moment où Jésus Eucharistique a fait son entrée, douce et majestueuse, dans le salon, disons mieux, dans le sanctuaire qui lui avait été préparé.

La sainte hostie a été déposée sur un petit autel dressé entre les deux croisées de l'appartement, en face du malade; et les rites sacrés ont commencé.

Au nom du Divin Roi, dont il était en cette circonstance mémorable l'ambassadeur et le ministre, le célébrant a dit : Que la paix soit sur cette maison : *Pax huic domui ;* les assistants ont répondu : Et sur tous ceux qui y habitent : *Et omnibus habitantibus in ea.*

D'après le Cérémonial des Evêques, le Pontife, quand il en a la force, doit lire la formule de la profession de foi, avant de recevoir le saint Viatique ; lorsqu'il ne peut réciter lui-même cette magnifique, mais assez longue formule, il la fait dire en son nom par un des prêtres présents. M. l'abbé

Duval a été chargé de remplir cet office ; l'âme de l'Evêque, suspendue à ses lèvres, a parlé vraiment par sa bouche, redisant, dans un langage muet que Dieu a écouté et qu'il nous semblait à nous-même entendre, ces protestations du dévouement et de la foi.

Et notre pensée se reportait malgré nous vers un autre jour plein de promesses, de joie, d'espérances ; alors qu'une foule immense emplissait de sa présence, et plus encore de son amour, un temple magnifiquement orné. Aux pieds de l'Evêque consécrateur, un homme qu'on aurait pu prendre pour un ange, récitait cette même formule ; avec quel accent de piété et de foi, les échos attendris de l'église Saint-Jacques de Douai devraient nous le redire, car notre voix s'éteint et nos yeux se voilent devant ce souvenir.

« Quel état et quel état, qu'avons-nous vu et que voyons-nous ? » Et pourtant si ce jour trop peu éloigné, hélas ! fut plus grand pour la terre, celui dont nous retraçons l'histoire aura été plus beau pour le ciel ; car toutes les promesses ont été tenues, tous les serments gardés, tous les devoirs remplis ; qu'on apporte une fois encore le livre des saints Evangiles, vous avez raison, ô notre Evêque, ô notre père, de le demander avec instance, il rend témoignage à votre fidélité.

La Profession de foi étant achevée, le vénérable Prélat s'est fait mettre à genoux, et là, dans l'attitude de l'adoration, il a reçu le Viatique du corps et du sang de Notre-Seigneur Jésus-Christ.

Au rite du saint Viatique a succédé, après une légère pause, celui de l'Extrême-Onction. Replacé dans son fauteuil, Monseigneur a répondu lui-même à toutes les prières, veillant à ce que chaque chose s'accomplit suivant l'ordre et la forme voulue par l'Eglise, attentif à ce que toutes les paroles de la sainte liturgie fussent intégralement et exactement prononcées. On aurait pu croire, n'eût été l'expression particulière de ses traits, qu'il présidait à l'une de ces fonctions saintes qu'il savait rendre si pontificales. Calme au milieu du trouble inséparable d'émotions impuissantes à se contenir, dominant l'assemblée par la force de sa volonté, l'énergie de son âme et la vivacité de sa foi, jamais notre premier Pasteur ne nous était apparu plus grand et plus majestueux.

Cependant les dernières prières venaient de finir. On devait supposer qu'épuisé par un si long effort, Monseigneur n'avait rien à ajouter à l'éloquence de cette prédication muette ; nous allions nous retirer, emportant dans notre cœur la salutaire impression de ce qui venait de se passer, lorsque le vénérable malade a fait comprendre, par un signe, qu'il avait l'intention de parler.

Au milieu d'un silence dont rien ne peut rendre le caractère intime, profond et solennel, les larmes elles-mêmes ayant cessé, de son fauteuil, comme d'une chaire, Monseigneur s'est exprimé à peu près ainsi :

Messieurs,

« Je désirerais beaucoup vous adresser quelques paroles, malheureusement je suis très-faible... je tiens cependant à vous remercier d'être venus en si grand nombre assister à cette cérémonie... Qu'il me soit permis de profiter de cette circonstance pour vous adresser publiquement l'expression de ma vive reconnaissance. Je remercie mes chers Vicaires généraux.

Ici Monseigneur tend une main à M. Morel et l'autre à M. Fallières ; tous deux s'approchent, et prenant la main qui les cherche, ils la baisent avec une tendre et respectueuse émotion.

» Je remercie le bon M. Morel et le si dévoué M. Fallières de ce qu'ils ont fait pour le Diocèse et pour moi. Je remercie M. Duclercq qui a été pour moi un troisième frère, et M. Deschamps qui s'est toujours montré si plein de prévenance et d'attentions. — MM. Duclercq et Deschamps vont baiser à leur tour la main de Sa Grandeur.

» Je remercie les Supérieurs de mes maisons diocésaines. Je compte sur leur dévouement et sur leur zèle ; je leur recommande d'éloigner, autant qu'ils le pourront, de la jeunesse confiée à leur sollicitude les dangers qui la menacent ; il y a des projets qui m'affligent ; mais j'espère, Messieurs, que ces projets ne réussiront pas.

» J'exprime ma reconnaissance au vénérable Doyen du Chapitre ; il a bien voulu se charger de la direction de ma conscience, et voici qu'il vient de me rendre un grand et inappréciable service, en m'administrant de sa main les derniers Sacrements.

M. Hénocque s'avance et baise la main de Sa Grandeur. Monseigneur prend la main de M. le Doyen, et, la serrant à plusieurs reprises : « Pour vous, M. le Doyen, et pour tous les membres du Chapitre... nos cœurs étaient si unis !...

» Je remercie les curés ! Ah ! Messieurs, lorsque le dimanche, jusqu'à neuf heures et demie du soir, j'entends le son de vos cloches qui ne se refroidissent pas, je suis bien touché, et je me demande comment à de pareilles fatigues, vous ne succombez pas.

» Je remercie enfin les aumôniers de nos maisons religieuses, si régulières, si ferventes ; ce sont de véritables paratonnerres qui détournent de nous les orages.

» Ai-je oublié quelqu'un ? Quand on est malade, la mémoire est faible ; si j'ai commis un oubli, ce sera la faute de la mémoire, ce ne sera point celle du cœur.

» Messieurs, laissez-moi vous le dire, depuis le commencement de ma maladie, la mort ne m'est jamais apparue sous un aspect effrayant ; jamais ne l'ai envisagée avec terreur, j'espère que ce n'est pas une illusion ; je crois au contraire que c'est une grâce. Dieu a été si bon pour moi ! Il m'a fait tant de grâces. »

Ici Monseigneur s'arrête un instant, il lève les yeux au ciel, comme pour se recueillir et faire monter vers le Seigneur la reconnaissance dont son âme est remplie.

« Certainement je n'en étais pas digne !

» J'ai beaucoup souffert pendant cette maladie ; c'est encore une grâce, qui m'évitera, je l'espère, de souffrir longtemps en purgatoire ; c'est ma seule crainte ; j'espère que vos prières me délivreront promptement.

» Arrivé au ciel, je prierai pour vous ; je prierai pour tous les prêtres de mon diocèse ; j'ai éprouvé tant de fois combien ils m'étaient attachés !

» Lorsque je suis venu parmi vous, je savais que je trouverais de l'affection dans ce bon pays de Picardie ; mais je vous l'avouerai, je ne m'attendais pas à être aimé comme je l'ai été. Il est vrai, je me suis livré tout entier à mes fonctions épiscopales, j'ai renoncé à tout ce qui aurait pu m'en distraire.

» Ce qu'on m'a rapporté des prières et des pèlerinages à la chapelle de Notre-Dame de Foy, m'a profondément touché ; ces neuvaines, ces messes, ce concours, tout cela m'a fait voir combien on est bon pour moi.

» Toutes les classes de la société se sont unies ; on m'a raconté des choses touchantes de la classe ouvrière : un homme du peuple, un ouvrier aurait dit : « Si, en faisant dix lieues, pieds nus, je pouvais guérir Monseigneur, je partirais de suite ! »

» Pauvre peuple ! chers ouvriers ! Ah ! au ciel, je ne vous oublierai pas !

» Messieurs vous m'avez vu à l'œuvre : j'ai beaucoup aimé mon Diocèse ; je n'ai pas recherché la popularité : cependant tous ces témoignages de dévouement et d'affection sont bien consolants pour mon cœur !

» Enfin, Messieurs, une dernière recommandation ; et, d'abord : *Nolite contristari sicut cæteri qui spem non habent*(1). Continuez à vous montrer toujours pleins de zèle pour la formation des jeunes prêtres qui vous ont été ou qui vous seront donnés pour auxiliaires.

» Je vous recommande, en finissant, un attachement inviolable au Souverain Pontife ; vous le voyez, j'ai voulu avoir le portrait de notre bien-aimé Léon XIII au-dessus de ma tête : soyez-lui toujours unis et dévoués ; là, est la vérité, là est le salut. »

(1) Ne vous laissez jamais aller à la tristesse comme ceux qui n'ont point l'espérance.

Pendant que Monseigneur adressait aux prêtres réunis autour de lui ces saintes et touchantes paroles, les fidèles attendaient en priant dans les salles voisines le retour du Très-Saint Sacrement. Ils auraient ardemment souhaité revoir leur Evêque et recevoir sa bénédiction ; comme s'il eût deviné ce vœu de leur affection filiale, le vénérable Prélat a ordonné qu'on les fit ranger sous les fenêtres de son appartement ; en un moment la foule s'est trouvée réunie au lieu assigné ; une croisée s'est ouverte, et voici qu'après quelques instants d'anxieuse attente, l'Evêque, soutenu par des mains pieuses, est apparu à la fenêtre bénissant ce bon peuple qui sanglottait.

« Ce que j'ai vu à ce moment, ce que j'ai éprouvé, disait une humble femme du peuple, quand je vivrais cent ans, je ne l'oublierai jamais. »

Et nous, ses prêtres, qui non-seulement l'avons vu, mais qui l'avons entendu, et qui avons recueilli de ses lèvres pâlies par la souffrance des paroles qui nous ont rappelé le Cénacle et le discours de la Cène, nous en garderons aussi jusqu'à la mort le doux et fortifiant souvenir. »

Le commentaire de cette scène si solennelle et de ces suprêmes paroles, nous le trouvons dans quelques extraits du testament de Monseigneur, que nous devons à la complaisance de M. l'abbé Dahiez. On y lit :

« Je bénis de toute l'effusion de mon cœur tous mes chers Diocésains *sans exception*, en particulier les fidèles d'Amiens, mon vénéré Chapitre, mes prêtres soit employés dans le

Ministère, soit attachés aux maisons d'éducation, les Ordres religieux, les Directeurs et élèves de mes séminaires, toutes nos pieuses Communautés, les pauvres que j'aurais voulu soulager davantage. — Je les remercie chacun en particulier des consolations qu'ils m'ont données. Je remercie également les familles riches et généreuses de leurs libéralités pour les malheureux ou pour les œuvres diocésaines, et je promets à tous de ne pas les oublier dans le ciel, espérant qu'eux-mêmes ne négligeront rien pour m'y faire arriver. »

La ville de Douai et la paroisse Saint-Jacques, toujours chères au cœur du Prélat ne devaient pas non plus être oubliées à cette heure suprême. Nous continuons à lire dans le testament de Monseigneur :

« Je remercie mes chers curés du doyenné de Saint-Jacques, à Douai, mes aumôniers et mes anciens vicaires, de leur indulgence et de leur affection. Je me recommande à leurs memento et les conjure de me pardonner tous les torts que j'aurais pu avoir envers eux. J'envoie les mêmes remerciements et la même prière aux autres ecclésiastiques de la paroisse et de la ville . . . .
. . . .
. . . . l'église Saint-Jacques de Douai, mon ancienne et chère paroisse que j'ai tant aimée et que je n'oublierai pas devant Dieu, si j'ai le bonheur d'aller au ciel comme je l'espère. . . . .
. . . .

Lorsqu'il plaira à Dieu de me retirer de ce monde, je le prie par les mérites de son divin fils, par l'intercession de la très-sainte Vierge, de saint Joseph, de mon patron saint Louis, des anges et des saints, d'oublier mes nombreux péchés et de recevoir mon âme dans le sein de son infinie miséricorde. »

Tous le savent, il y avait dans le cœur de l'Evêque des affections plus intimes encore, s'il est possible ; de ces fibres qui plongent leurs racines dans le sang.... En frère très aimant, il avait compris combien devait être douloureux le brisement des liens de la famille ; et il jetait au champ de la douleur ces brises de la consolation venues comme un parfum d'outre-tombe.

« Ne vous attristez pas de mon départ comme ceux qui n'ont pas d'espérance, les temps vont venir trop mauvais et Dieu me fait une grace en m'épargnant des jours probablement bien difficiles.

» Quand j'ai été nommé évêque, je lui ai du reste demandé de ne pas me laisser longtemps sous cette responsabilité redoutable.

» Que son saint nom soit béni en tout, partout et toujours ! »

Continuons d'emprunter au *Dimanche* ses tristes annales de mort.

1er *Juin, fête de la Pentecôte.*

Deux jours se sont écoulés depuis que Monseigneur a reçu les derniers sacrements. Samedi son état s'est un peu amélioré ; presque pas de fièvre ; on aurait dit que les saintes onctions avaient ramené un peu de force et un espoir de santé : aujourd'hui la fièvre est revenue plus intense. A l'issue des vêpres de la Cathédrale, vers cinq heures, Monseigneur reçoit les élèves du Grand-Séminaire ; ils entrent un par un, s'agenouillent aux pieds de leur Evêque et baisent son anneau pastoral ; après cette touchante obédience, à laquelle deux frères des écoles chrétiennes, le Visiteur de Saint-Omer et son Socius ont pris part, le saint Evêque, n'écoutant que son zèle, prononce quelques paroles :

« Mes chers enfants, si je ne vous ai point nommé vendredi, si je n'ai point parlé de mon cher grand Séminaire, c'est que je vous réservais pour la fin, et que j'espérais vous voir aujourd'hui. Oui, j'aime mon séminaire, j'aime mes séminaristes, je les aime d'autant plus qu'ils se sont montrés cette année par leur travail, par leur piété, plus dignes encore de mon affection ; il y a eu des appels, tous ont été appelés.

» Mes chers enfants, je ne savais pas qu'il fût si facile de mourir, c'est une grâce ; priez pour moi afin que Dieu me la continue. Priez encore pour moi plus tard. N'allez pas croire que parce que je suis Evêque je n'aie rien à craindre du Purgatoire ; les expiations sont nécessaires aux évêques comme aux autres ; j'espère que vous ne l'oublierez pas. De mon côté si je vais au ciel, comme j'en ai la confiance, je penserai à vous, je prierai pour vous. Lorsque vous serez prêtres, travaillez avec ardeur à procurer le salut des âmes ; les temps sont difficiles, vous n'aurez pas tout le succès que vous pouvez désirer ; mais vous ferez du bien. Il est triste de penser qu'il y a des vides dans le diocèse ; à vous de les combler en favorisant les vocations du sacerdoce, et aussi en priant : *Ro-*

gate ergo Dominum messis ut mittat operarios in messem suam ; et maintenant mettez-vous à genoux, je vais vous bénir ! »

Et il les a bénis ! Bénédiction précieuse qui portera bonheur, et à ceux qui l'ont reçue, et à toutes les âmes dont les séminaristes d'aujourd'hui seront un jour les guides et les pasteurs.

Mercredi 4 Juin.

Les journées de lundi et de mardi ont été très-calmes, mais le malade s'affaiblit ; il conserve néanmoins toute sa présence d'esprit ; sa main repasse souvent les grains du saint Rosaire, son âme est paisiblement unie à Dieu.

A la date du 8 juin le *Mémorial d'Amiens* imprimait en tête de sa chronique locale :

« Monseigneur l'Evêque était hier soir d'une faiblesse extrême. Il a pu cependant comprendre le télégramme suivant adressé de Rome à M. l'abbé Fallières par Mgr Druon :

« *Le Pape par cardinal Nina fait demander des nouvelles de Mgr Bataille.* »

« Sa Grandeur touchée de ce haut témoignage de sollicitude en a fait exprimer sa profonde reconnaissance. »

Et à la date du 9 :

« Mgr l'Evêque d'Amiens est de plus en plus faible, il a eu hier la consolation de recevoir par télégramme la bénédiction de N. S. P. le Pape Léon XIII.

Voici ce télégramme :

« *Le saint Père vraiment affecté en apprenant la maladie de Mgr Bataille, prie Dieu pour votre vénérable et bien-aimé Evêque, et lui envoie de tout cœur sa bénédiction apostolique.* »

DRUON.

En même temps le vénérable Chapitre de la Cathédrale faisait insérer cette note :

« A dater de lundi prochain jusqu'au vendredi 20 inclusivement, la messe canoniale de 8 heures sera chantée à l'intention de Monseigneur, pour demander à Dieu les grâces spéciales qui sont nécessaires au vénérable malade et que sa piété désire dans l'état grave où le mal l'a réduit.

Cependant les témoignages de sympathie ne manquaient pas à l'auguste malade, à sa famille éplorée et aux prêtres de la maison épiscopale, sur le calvaire commun de la douleur. M. l'abbé Fallières, Vicaire général, recevait tour-à-tour de Paris, de Reims, de Soissons, de partout, des lettres empreintes de la plus fraternelle sympathie.

M. l'abbé Lagarde, Vicaire général de Paris, écrivait déjà le 31 mai :

Paris, le 31 Mai 1879.

MON CHER ET VÉNÉRÉ COLLÈGUE,

Je viens de recevoir votre circulaire relative à l'administration des derniers sacrements à votre bon et pieux Evêque, et je tiens à vous redire combien je partage votre douleur à tous. Il faut se soumettre aux impénétrables desseins de Dieu et bénir, comme le fait votre vénérable malade, la main qui nous frappe.

Mais quelle affliction pour tous ceux qui le connaissent et l'aiment ! Quel sacrifice pour ses dignes et excellentes sœurs, pour vous, ses dévoués collaborateurs, pour ce grand diocèse qui lui avait donné déjà tant de témoignages de son affection et auquel il s'attachait chaque jour davantage !

Veuillez, cher et bon collègue, être autour de vous l'interprète de mes sympathies et si vous le pouvez, prononcez mon nom à l'oreille de votre bien-aimé Pontife, pour qui je ne cesse de prier et de faire prier.

Je vous renouvelle, cher et honoré collègue, l'assurance de mon respectueux et plus affectueux dévouement en N.-S.

LAGARDE,
Vicaire général.

Nos deux Seigneurs ont été bien tristement affectés de la nouvelle que vous annoncez à votre diocèse en termes si émus, et Mgr le Coadjuteur vous l'écrira sans doute.

A son tour Mgr le Coadjuteur de Paris, archevêque de Larisse, venait le 1er juin, exprimer toutes ses inquiétudes et toutes ses tristesses.

Paris, le 1er Juin 1879.

CHER ET VÉNÉRÉ MONSIEUR FALLIÈRES,

J'ai appris hier, par la circulaire que vous avez adressée au diocèse d'Amiens, que votre vénérable Evêque avait voulu recevoir les derniers Sacrements. Nous partagions de cœur les inquiétudes que sa santé vous inspirait depuis quelques mois. La pensée que le bon Prélat peut nous être enlevé prochainement me cause une véritable tristesse. Il m'avait témoigné, en plusieurs circonstances, une affection dont je suis demeuré très reconnaissant, et, de mon côté, j'avais pour lui une affectueuse vénération.

Plus d'une fois, dans les derniers temps, je me suis senti le désir de le voir, j'ai toujours été arrêté par la pensée qu'une visite est fatigante pour un malade. Mais, si vous le jugez opportun, je vous demanderai d'offrir à votre cher et vénérable Evêque, l'expression de ma plus paternelle affection, et de lui dire que je suis uni de cœur à toutes les prières que l'on fait pour lui.

Je sais bien que pour un chrétien, et plus encore pour un prêtre et pour un évêque, il est bon de dire : *cupio dissolvi et esse cum Christo ;* mais nous devons demander à N.-S. qu'il conserve à son Eglise les bons Pasteurs : *permanere autem in carne necessarium propter vos.*

Veuillez, cher et vénéré Monsieur le Grand-Vicaire, agréer l'assurance de mon affectueux dévouement en N.-S.

† FRANÇOIS,
Archevêque de Larisse.

Le même jour Mgr l'Archevêque de Reims témoignait ses trop justes alarmes.

Hauviller, en visite pastorale. Le 1er Juin 1879.

MONSIEUR LE VICAIRE GÉNÉRAL,

Je trouve ici votre désolante lettre et j'ai hâte de confier ma douleur à votre bon cœur. Je comprends mieux que personne la perte que fait votre diocèse. Elle sera un deuil pour la province entière et pour l'Eglise. Quelle grande âme, simple et généreuse, douce autant que ferme, capable de se donner toujours, à tous, sans jamais perdre ce recueillement intérieur qui est le caractère des saints. Je l'aimais et le vénérais comme un frère, et mes larmes coulent avec mes prières lorsque je porte son souvenir à l'autel.

Cher et vénérable ami, il priera pour nous là-haut ! Mais encore une fois, quelle perte, et comment n'avoir pas d'inconsolables regrets, malgré la certitude que le ciel sera bientôt la demeure de cet Evêque bien-aimé et selon le cœur de Dieu.

Soyez, si vous le pouvez, mon interprète auprès de lui, et dites à ses deux pieuses sœurs, que je partage toutes leurs angoisses.

Vous voudrez bien, cher Monsieur le Vicaire général, me tenir au courant des événements. Je rentre à Reims samedi soir pour n'en plus sortir d'ici à quelques semaines.

Croyez à mes sentiments affectueux et tout dévoués en N.-S.

† BENOIT-MARIE,
Archevêque de Reims.

Une visite avant la fin serait-elle possible et utile ? Je l'eusse faite déjà si un bon chanoine d'Amiens ne m'en avait franchement détourné.

Tous ces cris d'alarme partis des quatre points de l'horizon n'étaient que trop justifiés par les événements. Le dimanche 8, Monseigneur était de plus en plus faible ; il put néanmoins, le matin, recevoir et bénir avec effusion M. le Doyen du Chapitre et M. le chanoine Jourdain.

Vers deux heures, écrit M. Salmon dans la *Semaine religieuse*, son état a empiré ; l'influence de l'orage qui éclatait en ce moment, se faisait sentir au malade ; on a cru à un commencement d'agonie et l'on a récité les prières des agonisants ; mais, l'atmosphère étant devenue moins lourde, le danger a paru s'éloigner.

Cependant, le bruit a commencé à se répandre dans la ville que Monseigneur était très-mal, quelques ecclésiastiques sont venus prier près du malade. M. le Curé de la Cathédrale étant entré, M. l'abbé Fallières l'a nommé à haute voix, priant Monseigneur de le bénir, lui et ses paroissiens ; aussitôt le saint Evêque a levé la main et a tracé un long et majestueux signe de croix.

Enfin, lundi à deux heures du matin, l'agonie a commencé.... Entouré de ses deux sœurs, de ses Vicaires généraux, de ses Secrétaires, pieusement assisté par M. Hénocque, son confesseur, au milieu des larmes et des prières, Monseigneur a rendu sa belle âme à Dieu, vers cinq heures, quelques instants après que la cloche de la Cathédrale eut sonné l'Angelus du matin.

Telles sont, en substance, la vie, les derniers moments et la mort de Mgr Louis Bataille, 87me successeur de saint Firmin, sur le siège d'Amiens. Bien des choses ont été omises dans cette courte biographie ; mais le bienveillant lecteur comprendra qu'il importait surtout de faire vite un travail qui, commencé trop tard devait être achevé trop tôt.

Il nous reste à parler des suprêmes hommages rendus aux dépouilles vénérées du Prélat défunt, de la cérémonie de ses funérailles et du service du quarantième jour.

CHAPITRE II

HONNEURS RENDUS A MGR BATAILLE.

I

A peine la dépouille mortelle de l'auguste défunt était-elle refroidie, que les vénérables membres du Chapitre comprirent qu'une tâche pénible mais solennelle leur incombait : celle d'annoncer à la grande famille diocésaine, la perte douloureuse qu'elle venait de faire. Un Mandement fut aussitôt rédigé et expédié dans toutes les paroisses. Il y était dit :

« Pour la seconde fois en bien peu d'années, nous venons remplir auprès de vous la douloureuse mission de vous annoncer un grand deuil et de vous demander des prières.

» Mgr Louis-Désiré BATAILLE, notre premier Pasteur, le père de nos âmes et le guide de notre vie, est décédé aujourd'hui 9 du mois de juin 1879, dans la cinquante-neuvième année de son âge et la sixième de son épiscopat.

» Nous n'avons pas à vous parler en ce moment de sa vie : vous la connaissez. Cette page si belle et si riche à ajouter à l'histoire si belle et si riche déjà de nos *Evêques d'Amiens*, la main de chacun de nous tous pourrait l'écrire.

» Quelle paroisse, quelle communauté, quelle œuvre, quel point du diocèse et quelle ouailie dans tout le troupeau n'a pas recueilli sa part du bien que notre saint Evêque a fait, en passant, hélas ! en passant seulement parmi nous.

» Toutes ces choses d'une sainte vie seront dites en leur temps.

» Dans nos larmes, aujourd'hui, nous ne voyons que la mort. Mais quelle mort, N. T.-C. F. ! Les détails en sont déjà parvenus jusqu'à vous. On peut dire qu'elle a duré de longs mois, pendant lesquels par l'édification dont elle a pénétré nos âmes, il nous semble qu'elle a acquis à elle seule l'importance et la valeur d'un épiscopat tout entier. Vous lirez les suprêmes adieux qu'il a adressés à son Diocèse et au récit d'une telle mort après une telle vie, vous ne direz pas seulement : Bienheureux ceux qui meurent dans le Seigneur ; vous vous écrierez aussi comme nous tous : Bienheureux les peuples pour qui l'on ne peut jamais dire que leur pasteur est mort tout entier. Ces six années de travaux apostoliques et ces six mois de doux épanchements de piété et de tranquille attente de la couronne de justice ne sont pas deux époques dans l'épiscopat de Monseigneur, elles sont une seule époque, un seul jour, et comme la continuation d'un même ministère de sanctification et de salut ; par le souvenir et surtout par les fruits qu'elles continueront à porter dans le diocèse, elles nous le montreront comme toujours, vivant, debout à côté des saints Pontifes qui l'ont précédé ; et la foi dont avec eux tous il a été l'apôtre dans ce pays ne périra pas.

Mais à l'heure où nous vous écrivons, c'est moins dans ces réflexions que nous devons chercher l'adoucissement à notre filiale affliction, que dans l'accomplissement du devoir de la prière. La prière est la grande consolation parce qu'elle est l'espérance.

» A plusieurs reprises durant ces derniers jours de

douleur et d'agonie, Monseigneur nous a demandé, dans son humilité en même temps que dans sa tendresse, de lui donner après sa mort ce témoignage de notre affection, et il nous promettait de nous le rendre de son côté à son arrivée au ciel, en priant alors lui-même pour nous et pour tous ses prêtres.

» Déjà, nous en avons la confiance, il est en possession de la récompense si méritée de sa foi, de sa piété, de son zèle, de sa charité pour tous ; notre cœur cependant ne nous fait pas moins une douce obligation de nous conformer sur ce sujet aux intentions de l'Eglise et aux siennes, en ordonnant ici les prières accoutumées, et en invitant tous les prêtres et tous les fidèles à y joindre le mérite de leurs prières particulières et de leurs ferventes communions. Ce sera également pour nous conformer aux règles de la liturgie et à ce que réclame la pensée du mérite éminent de notre Evêque et Père, que nous prendrons soin de lui rendre tous les honneurs dus, en cette circonstance funèbre, à la dignité des Pontifes de l'Eglise.

A CES CAUSES,

Nous avons ordonné et ordonnons ce qui suit :

Article premier. — Le trépas de Monseigneur l'Evêque sera annoncé dans toutes les églises par le son des cloches.

Art. II. — Dimanche prochain, 15 du courant, un *Libera* sera chanté après la messe paroissiale.

Art. III. — Une messe solennelle sera chantée dans toutes les paroisses du Diocèse, le lundi 16 du courant, ou un autre jour à la convenance de MM. les Curés, et une messe basse dite dans les chapelles des communautés le premier jour libre.

Art. IV. — Tous les prêtres diront à la messe jusque après les funérailles, les oraisons *pro Episcopo defuncto*.

Art. V. — Nous invitons les personnes vivant en communauté et les fidèles à faire la sainte communion, et à prier à la même intention.

Art. VI. — Le jour des funérailles sera prochainement annoncé.

Et sera notre présent Mandement lu et publié dans l'église Cathédrale et dans toutes les églises et chapelles du Diocèse, le dimanche 15 du courant.

Donné à Amiens, en notre salle capitulaire, sous notre seing, le sceau de nos armes, et le contre-seing de notre Secrétaire, le neuf juin de l'an de Notre-Seigneur mil huit cent soixante-dix-neuf.

Hénocque, chanoine, doyen du Chapitre ; Duval, chanoine théologal ; E. Jourdain, chanoine pénitencier ; Boucher, chanoine, archiprêtre ; Débare, chanoine, préchantre ; Herbet, chanoine ; Duclercq, chanoine ; Crampon, chanoine ; Deriencourt, chanoine.

Par Mandement du Chapitre :

E. JOURDAIN.

Mais revenons à la journée du 9. L'Evêque n'est plus. La fatale nouvelle, se répandant par toute la ville, y cause une émotion profonde. Le deuil est partout. Après la messe capitulaire, le Chapitre en corps et en habit de chœur se rendit auprès de la dépouille mortelle du Prélat, pour réciter les prières indiquées par le Cérémonial. Chaque chanoine à son tour récita les prières prescrites et jeta l'eau bénite sur le corps, pendant que les bourdons et les cloches de la Basilique sonnaient pour la première fois le trépas du Pontife défunt ([1]).

Quelques fidèles eurent ensuite la permission de venir s'agenouiller auprès du lit sur lequel reposait le corps de Monseigneur, qui semblait dormir d'un paisible sommeil ; ils trouvèrent un adoucissement à leurs regrets, en contemplant une fois encore l'Evêque bien-aimé qui les avait si souvent bénis.

Le mardi 10 juin, vers onze heures, le corps de Monseigneur, après avoir été embaumé, fut exposé dans la chapelle de l'Evêché. Le Prélat, vêtu de la soutane noire, suivant les prescriptions du Cérémonial, était revêtu de l'aube, de la tunicelle, de la dalmatique et de la chasuble violettes. Les mains jointes, gantées de violet, tenaient un crucifix. Il avait sur la tête la mitre blanche. Le corps reposait sur un lit de parade, placé sous un dais aux tentures

(1) Ce trépas fut sonné à midi par toutes les Eglises de la ville.

noires et violettes. A la gauche de l'Evêque était la crosse épiscopale d'argent. Le bougeoir et le livre se voyaient de l'autre côté, auprès des pieds, devant lesquels était posé le chapeau épiscopal.

La chapelle était tendue de noir ; des cierges, en grand nombre, brûlaient autour du corps, auprès duquel priaient des Sœurs de l'Espérance et des ecclésiastiques.

L'entrée de la chapelle sur la salle du Concile était ornée d'une draperie noire et violette, frangée d'argent, élégamment disposée. Au-dessus de la porte, se voyaient les armoiries de Mgr Bataille.

A partir d'environ onze heures, les fidèles commencèrent à se succéder dans la salle, avides de contempler une fois encore, « tel que la mort l'a fait, » l'Evêque qu'ils ont si souvent admiré dans la splendeur de ses fonctions pontificales. Les traits du Prélat, vieillis et surtout amaigris par sa longue maladie, offraient l'image du repos le plus paisible.

Bientôt la foule devint nombreuse, et tout le reste du jour, jusqu'à six heures, elle ne cessa de se presser recueillie et émue. Un grand nombre de personnes faisaient toucher au corps des objets de dévotion.

A deux heures, les élèves du grand Séminaire ont récité l'Office des Morts.

La vaste salle du Concile, dont les fenêtres étaient à demi voilées par les rideaux baissés, offrait un spectacle imposant. Dans l'ombre, on apercevait les portraits des évêques d'Amiens qui en garnissent les murailles, semblant faire cortège à la dépouille mortelle de leur successeur, du Prélat doux et majestueux, qui a si dignement marché sur leurs traces, et qui, lui aussi, a hautement justifié le dicton populaire : « Amiens est renommé par ses bons Evêques ».

Quelques-uns des assistants se rappelaient que ce premier jour de l'exposition de Mgr Bataille, était le 105e anniversaire de la mort de Mgr de la Motte (10 juin 1774), et associant dans leur pensée les deux Prélats, ils se disaient qu'à cent cinq ans de distance, les cœurs des Amiénois pour leur Evêque n'ont pas plus changé que n'a changé la foi que tous deux ont si fidèlement enseignée.

Mercredi 11. — L'émotion est encore plus vive aujourd'hui qu'hier. Bien avant neuf heures du matin, la foule assiégeait la porte du Palais épiscopal. Durant toute la journée, elle n'a cessé d'affluer auprès du corps de Monseigneur. Grâce aux sages dispositions qui avaient été prises, le public, après avoir lentement défilé devant le lit funèbre, pouvait s'arrêter à une petite distance, contempler pendant quelques instants le triste et imposant spectacle qui attirait tous les regards et s'agenouiller pour prier. A deux heures l'Office des Morts a été récité par les RR. PP. Franciscains.

Le corps de Monseigneur continua d'être exposé, à visage découvert, pendant toute la journée du jeudi 12 ; l'affluence fut encore plus considérable que les deux jours précédents ; on y remarquait un grand nombre de personnes de la campagne, venues exprès à Amiens pour voir, une dernière fois, le Pontife vénéré dont la mort a si douloureusement ému tout le diocèse.

Dès le mardi, de pieuses mains avaient suspendu à l'entrée de la chapelle, deux magnifiques couronnes de fleurs, témoignage d'amour et de reconnaissance. D'autres couronnes et des bouquets furent successivement déposés sur le lit funèbre, emblèmes des vertus du Prélat défunt, de la piété filiale et des regrets de ses ouailles fidèles.

Jeudi était le jour de la première communion dans toutes les paroisses d'Amiens. On voyait parmi la foule qui se pressait à l'Evêché tous ces enfants, qui avaient eu le bonheur de recevoir le matin Notre-Seigneur pour la première fois, priant avec ferveur pour l'Evêque qu'ils connaissaient tous, au corps duquel ils faisaient toucher leurs livres et leurs chapelets, et dont le souvenir restera indissolublement attaché au plus beau jour de leur vie. Jusqu'à six heures du soir, la foule ne cessa de se renouveler. Cet immense concours, ces larmes et ces prières ne sont-ils pas le plus bel éloge du Pontife qui les avait mérités !

D'autres témoignages vinrent se joindre à ceux-là. Le même jour, la dépêche suivante apportait de la Chaire de Pierre une suprême consolation :

« *Amiens de Rome*, 12 *juin*.

» MONSIEUR FALLIÈRES, EVÊCHÉ D'AMIENS,

» Le Pape, très-affligé de la perte de Monseigneur
» Bataille, qu'il aimait particulièrement, s'associe de cœur
» au deuil de l'Eglise d'Amiens, prie pour le regretté défunt,
» bénit la famille.

» DRUON. »

D'autre part M. le Maire d'Houplines, pays natal de Mgr Bataille, avait adressé cette lettre au Chapitre d'Amiens :

MESSIEURS,

Dans sa réunion du 9 courant, le Conseil municipal d'Houplines m'a chargé d'être près de vous son interprète pour vous exprimer toute la part que nous prenons à la perte que vient de faire le diocèse d'Amiens dans la personne de Monseigneur Bataille.

Soyez persuadés, Messieurs, que je suis en même temps l'interprète de tous les habitants de notre commune.

Comme une députation d'Houplines désire assister aux funérailles de notre cher et regretté compatriote, je vous serais reconnaissant, Messieurs, de vouloir bien me faire savoir le jour et l'heure de la funèbre cérémonie, et de me faire connaître s'il sera possible à la députation de faire partie du cortège.

Veuillez agréer, Messieurs, l'expression de mes sentiments les plus distingués.

Le Maire,
F. LUTIN.

Le Chapitre répondit à M. le Maire d'Houplines que le Clergé et les Fidèles de la ville d'Amiens et du Diocèse seraient certainement bien touchés du témoignage de sympathie par lequel le Conseil municipal et la ville d'Houplines avaient l'intention d'honorer la mémoire de l'éminent Prélat, leur compatriote, et que des places seraient réservées pour la députation annoncée.

Vendredi 13, à neuf heures du matin, vint le douloureux moment de la séparation ; le corps de Monseigneur fut placé dans le cercueil, en présence de M. l'abbé Fallières, vicaire capitulaire, de M. l'abbé Dahiez, chanoine, secrétaire particulier de Mgr Bataille, de M. le docteur Delaire et de M. Dufourmantelle, pharmacien, qui avait procédé mardi à l'embaumement du Prélat. Le corps, transporté par les Séminaristes, fut déposé dans la bière de chêne, doublée de plomb, où M. l'abbé Dahiez lui rendit les derniers soins. Le Prélat, toujours revêtu de ses ornements pontificaux, porte une croix pectorale en argent, donnée par le monastère de la Visitation. Sa tête repose sur deux coussins violets. La mitre a été déposée à ses pieds, auprès desquels a été placé un tube de cristal, scellé en cire rouge aux armes du Chapitre, contenant la notice suivante écrite sur une feuille de parchemin :

Hic requiescit in Domino

Ludovicus-Desideratus BATAILLE, diœcesis Ambianensis Episcopus, Solio Pontificio Assistens, Comes Romanus, e diœcesis Cameracensi oriundus in vico vulgo dicto : Houplines ad Legiam, anno MDCCCXX, die vigesimâ tertiâ Mensis Augusti,

Ab Ill. archiepiscopo Giraud, in Seminario Majori Cameracensi, presbyter ordinatus,

Duaci, parœciæ Sancti Jacobi, primum vicarius, mox parochus, et decanus, deinde archi-presbyter, ædem factam Sancti Jacobi multum ampliavit ornavitque,

Anno MDCCCLXXIII, die vigesimâ 1ª septembris, insignis Ecclesiæ Ambianensis Episcopus consecratus est a RR. DD. Régnier, archiepiscopo ecclesiæ Cameracensis, assistentibus Desprez, archiepiscopo Tolosano, et Lequette, episcopo Atrebatensi.

Semel atque iterum Romam adiit limina Apostolorum visitaturus et ad tumulum Sancti Petri amplissima denaria asportaturus,

Perantiquum morem Eucharistiæ Sacramentum servandi in columbâ pensili desuper altare majus Ecclesiæ Cathedralis restituit,

Cultum Sancti Joannis Baptistæ pie fovit auxitque, hujus sacras reliquias authentice recognitas in thecâ argenteâ auro gemmisque ornatâ inclusit et festum Receptionis Sanctæ faciei, sub ritu duplici secundæ classis à S. S. Congregatione rituum adprobari enixe curavit.

Viginti quinque Ecclesias solemni ritu dedicavit.

Totam Diœcesim semel atque iterum peragravit seipsum impendens et super impendens,

Et cum in brevi implesset tempora multa post diuturnum morbum, anno MDCCCLXXIX, die nona Mensis Junii, placide et pie obdormivit in Xto, Sanctæ Ecclesiæ sacramentis solemniter receptis.

In vitâ et in morte forma factus gregis clerique (1).

(1) Ici repose dans le Seigneur, Louis-Désiré BATAILLE, évêque d'Amiens, Assistant au trône pontifical, Comte Romain, né dans le diocèse de Cambrai, au village de Houplines-sur-la-Lys, le vingt-troisième jour du mois d'août de l'an 1820 ; ordonné prêtre dans le grand Séminaire de Cambrai par l'illustrissime archevêque Mgr Giraud ; d'abord vicaire, puis curé-doyen, à Douai, de la paroisse Saint-Jacques, il en agrandit l'église et l'embellit beaucoup ; il fut consacré évêque de l'illustre église d'Amiens, le 21 septembre 1873, par le Révérendissime archevêque de Cambrai, Mgr Régnier, assisté de Mgr Desprez, archevêque de Toulouse, et de Mgr Lequette, évêque d'Arras. Il se rendit deux fois à Rome, pour y faire sa visite *ad limina apostolorum*, et pour y porter au tombeau de saint Pierre de très-riches offrandes ; il restaura l'antique usage de garder la sainte Eucharistie dans une colombe suspendue au-dessus du grand autel de l'église Cathédrale ; pieuse-

Avant la fermeture de la bière, M. l'abbé Fallières récita le *De Profundis*, que l'émotion lui permit à peine d'achever. Enfin, M. l'abbé Dahiez, s'étant relevé et fondant en larmes, a respectueusement déposé le dernier baiser du fils et de l'élève reconnaissant sur ce visage à jamais glacé par la mort, qu'il a ensuite recouvert d'un voile blanc ; puis le cercueil a été fermé et soudé.

La bière de chêne est ornée d'une croix ; sur une plaque de cuivre, placée en tête, on lit l'inscription suivante gravée au-dessous des armes de Monseigneur :

LUDOVICUS-DESIDERATUS BATAILLE
EPISCOPUS AMBIANENSIS
NATUS DIE XXIII AUGUSTI MDCCCXX
CONSECRATUS DIE XXI SEPTEMBRIS MDCCCLXXIII
OBIIT DIE IX JUNII MDCCCLXXIX

ment zélé pour le culte de saint Jean-Baptiste, il en procura l'accroissement ; après avoir fait reconnaître l'authenticité des reliques du saint Précurseur, il les renferma dans une châsse d'argent, ornée d'or et de pierres précieuses ; de plus, la fête de la réception de la sainte Face, sous le rite double de seconde classe, fut, grâce à son zèle et à ses soins, approuvée par la Sacrée Congrégation des Rites ; il consacra vingt-cinq églises ; il visita deux fois toutes les parties de son diocèse, se dépensant lui-même au-delà de ses forces ; enfin ayant en peu de temps fourni la carrière de nombreuses années, après une longue maladie, le neuvième jour du mois de juin de l'an 1879, il s'endormit paisiblement et pieusement dans le Seigneur, après avoir reçu solennellement les Sacrements de la Sainte Eglise. Dans la vie et dans la mort il s'est fait le modèle de son troupeau et de son clergé.

Le cercueil, recouvert du drap mortuaire, fut ensuite placé sur l'estrade par les Séminaristes, qui continuèrent à prier dans la chapelle.

L'après-midi, l'Office des Morts fut récité auprès du corps par les RR. PP. Jésuites. Samedi, à la même heure, il fut récité par le clergé des paroisses Saint-Leu et Saint-Remi, et lundi par celui de Saint-Jacques et de Saint-Germain.

Pendant ces derniers jours, bien que l'entrée de l'Evêché ne fût plus ouverte au public d'une manière générale, un grand nombre de fidèles demandèrent et obtinrent la permission de venir prier devant le cercueil, donnant ainsi un dernier témoignage de regret filial à leur Père bien-aimé.

Depuis le mardi 10, tous les jours, les cloches de la Cathédrale avaient, à midi, sonné le trépas de Monseigneur. Lundi 16, il fut de nouveau sonné, de huit à neuf heures du soir, par toutes les églises de la ville, annonçant la funèbre cérémonie du lendemain.

Pendant que les hommages étaient rendus par les fidèles de tout le diocèse d'Amiens aux précieux restes de Mgr Bataille, le deuil de l'église d'Amiens s'étendait au-delà des bornes du diocèse. Rome et son Pontife avaient déposé au pied du cercueil du saint Evêque, des condoléances et des témoignages de regret bien sentis. A leur tour, un nombre considérable d'Evêques de France, et les représentants les plus autorisés du pouvoir public, vinrent répandre sur ces mêmes dépouilles sacrées des larmes et des prières.

De tous les points de la France, arrivaient à Messieurs du Chapitre les témoignages de la plus haute et de la plus touchante sympathie. Comment faire un choix parmi tant de lettres magnifiques de Prélats, de hauts dignitaires de l'Eglise et de l'Etat? — Puisqu'il faut se borner, nous prendrons au hasard, ne pouvant autrement légitimer nos préférences.

C'est d'abord Son Excellence le Nonce Apostolique qui écrit :

« En remerciant le Chapitre de la communication qu'il m'a fait l'honneur de me faire, je ne puis qu'unir mes prières aux siennes, pour le suffrage de l'âme du vénérable défunt.

» Prions le bon Dieu, afin qu'il daigne donner un digne successeur au saint Prélat qu'il vient de rappeler à lui.

Mgr le Cardinal de Cambrai confesse que cette fin prématurée lui cause toutes les douleurs :

« D'abord parce qu'il s'agit d'un des plus illustres enfants de sa singulière affection, et puis, parce que, lui, vieillard, n'aurait pas dû survivre au jeune et vigoureux évêque d'Amiens. Il aura aussi le regret de ne pouvoir venir prier auprès de son cercueil. »

C'est la même désolation de la part de l'illustre Cardinal de Rouen, de l'Archevêque de Bourges, de l'Evêque de Saint-Claude, et de bien d'autres.

Des nécessités qui s'imposent les empêcheront d'assister de corps aux funérailles, mais leur cœur s'unira dans une prière commune et fervente.

Citons la réponse de Mgr l'Archevêque de Larisse au télégramme de Messieurs les Vicaires Capitulaires :

Cher et vénéré Monsieur Fallières,

Une dépêche télégraphique de M. le Doyen du Chapitre nous a annoncé hier la mort de votre vénérable Evêque. Je suis intimement associé à votre deuil, vous le savez, et le matin j'ai célébré la sainte messe pour l'âme de ce pieux et digne Prélat. Il me semble que N.-S. a dû lui dire à la sortie de ce monde : « *Ege, serve bone et filius intra in gaudium Domini tui.* » J'avais lu avec une émotion pleine d'édification le récit que vous avez eu la bonté de m'envoyer de la cérémonie des derniers sacrements administrés à un Père mourant, au milieu des larmes et des prières de ses enfants.

Puissions-nous, comme lui, mourir dans la paix de N.-S.

Agréez, cher et vénéré Monsieur Fallières, l'assurance de mon dévouement en N.-S.

† FRANÇOIS,
Archevêque de Larisse.

Son Excellence Mgr l'Archevêque de Reims, métropolitain de la Province accepte de venir présider les funérailles. Voici sa lettre :

Reims, le 7 Juin 1879.

Monsieur le Doyen,

Mon âme confond sa douleur et ses prières à celles du vénérable Chapitre du Clergé et des fidèles du diocèse d'Amiens. Cette triste nouvelle de la mort de notre saint Evêque, quoique prévue comme un malheur inévitable, nous jette cependant dans une désolation que la pensée de son bonheur peut seule adoucir.

Tant de vertus sacerdotales, une vie, trop courte, mais remplie de zèle apostolique et de charité, une fin vraiment héroïque, tout nous donne la certitude que Jésus, le Pontife Eternel, a déjà reçu dans son paradis l'âme vénérée qui nous laisse ses exemples pour héritage. Aussi plus d'une fois en lisant les récits de ses derniers sacrements, j'ai envié le sort de mon bien-aimé frère et suffragant.

Je prierai donc avec vous, Monsieur le Doyen, et il me sera doux de présider les funérailles au jour que vous me proposez, mardi prochain.

Agréez, Monsieur le Doyen, l'assurance de mes sentiments respectueux et tout dévoués en N.-S.

† BENOIT-MARIE,
Archevêque de Reims.

La lettre de M. Dauphin, Sénateur et Procureur-général à la Cour d'appel de Paris mérite d'être citée :

Paris, le 10 Juin 1879.

Monsieur le Vicaire général,

Je reçois avec la plus grande douleur la nouvelle de la mort de Mgr l'Evêque d'Amiens. Qui eût pu prévoir, lorsqu'il faisait il y a peu d'années son entrée solennelle à Amiens dans l'éclat de la santé, qu'il resterait si peu de temps à la tête de son diocèse ? Il y a acquis promptement une haute réputation de vertu, de fermeté et de paternelle douceur ; j'ai apprécié personnellement dans plusieurs circonstances la hauteur de son esprit.

J'envoie immédiatement mon chef de cabinet au Ministère de l'Intérieur pour hâter l'expédition de l'autorisation que vous me demandez ; s'il y avait une difficulté, j'irais immédiatement moi-même.

Veuillez agréer, Monsieur le Vicaire général, l'assurance de ma haute considération.

A. DAUPHIN.

D'anciens fonctionnaires se faisaient un devoir de présenter au Chapitre les plus chaudes condoléances. Ils se souvenaient et ils admiraient encore ; c'est pourquoi, bien qu'éloignés, ils se plaisaient à mêler leurs regrets à nos douleurs. La lettre de M. le baron de Sandrans, ancien préfet de la Somme, ne peut être passée sous silence :

Paris, le 10 *Juin* 1879.

Messieurs les Vicaires généraux capitulaires,

Je reçois la nouvelle de la mort de Mgr l'Evêque d'Amiens. J'ai l'honneur de vous offrir l'expression des regrets personnels que me cause la perte du Prélat vénérable avec lequel j'ai eu l'occasion d'être en relations pendant la durée de mes fonctions préfectoriales dans la Somme.

J'avais conçu pour sa personne des sentiments de grande vénération, et ses bontés m'avaient inspiré beaucoup de gratitude. Aussi ne puis-je m'empêcher de vous adresser, Messieurs, l'expression de ma peine personnelle, avec celle de ma sympathie douloureuse.

Veuillez agréer, Messieurs, etc.

Bon de CARDON de SANDRANS,
Ancien Préfet de la Somme.

Enregistrons encore les notes suivantes publiées par plusieurs journaux de la ville :

Ecole libre de la Providence.

Dans le deuil profond qui frappe le clergé, les congrégations religieuses et tous les fidèles du diocèse d'Amiens, le R. P. Recteur de la Providence n'accepte pas la fête que ses amis et ses élèves lui ont préparée. Il les remercie de la sympathie qu'ils se sont proposé de lui témoigner.

La séance dramatique, annoncée pour mardi à deux heures, ne sera pas donnée.

La réunion, projetée pour mercredi à la campagne de Montières, est également supprimée.

Association des anciens élèves de l'Ecole libre de la Providence.

En présence du douloureux événement qui vient si profondément attrister le diocèse, la soirée intime qui devait comme les années précédentes, réunir les membres de l'Association des anciens élèves de la Providence, n'aura pas lieu.

On se séparera dès que l'ordre du jour sera épuisé.

Il avait été à peine besoin de solliciter le concours des Corps constitués de la cité. Ils offraient d'eux-mêmes leurs services avec une spontanéité remarquable, et la lettre de M. le Commandant de la Compagnie des Sapeurs-Pompiers fait foi d'un zèle parfait.

Jusqu'au dernier moment du reste, le charitable Pontife avait mérité les suffrages de ses concitoyens comme on peut s'en convaincre par la note suivante :

Nous apprenons que Mgr Bataille, l'éminent et regretté Prélat dont le diocèse d'Amiens déplore aujourd'hui la perte a voulu couronner, par une œuvre de charité en faveur des pauvres, toutes les bonnes œuvres de sa vie.

Monseigneur a légué au Bureau de bienfaisance d'Amiens, une somme de 1000 fr., destinée à une distribution extraordinaire de pain aux indigents de cette ville, laquelle distribution, suivant le désir exprimé par le donateur, doit avoir lieu la veille de ses funérailles.

Aussitôt après le décès de Monseigneur, M. le Chanoine Archiprêtre, curé de la Cathédrale et membre du Bureau de bienfaisance a été chargé de verser et a versé, en effet, ladite somme de 1000 fr. dans cet établissement.

La distribution précitée sera donc faite lundi prochain, 16 juin courant, conformément aux intentions du vénérable Prélat.

Les pauvres d'Amiens, comme témoignage de leur reconnaissance, béniront, nous n'en doutons pas, le saint Évêque enlevé trop tôt, hélas ! à ses travaux apostoliques et à l'affection de notre cité.

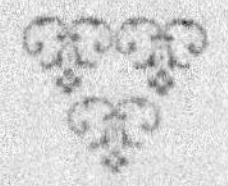

II

Cependant MM. les Vicaires Capitulaires venaient de régler l'ordre et les détails des funérailles et la circulaire en date du 11 juin allait porter partout les instructions de l'autorité diocésaine. Nous en extrayons la partie du dispositif relative aux obsèques :

Article premier. — Les obsèques de l'Illustrissime et Révérendissime Évêque Louis-Désiré Bataille, évêque d'Amiens, prélat assistant au trône pontifical, seront célébrées, le mardi 17 courant, à 10 heures précises du matin.

Art. II. — Mgr Langénieux, archevêque de Reims, métropolitain, fera la cérémonie des funérailles, assisté du Chapitre de la Cathédrale.

Art. III. — Le convoi sortira du Palais par la porte de la place Saint-Michel. Il suivra les rues Cloître-Notre-Dame, Henri IV, des Sergents, des Vergeaux, du Marché Lanselle, des Orfèvres, Basse-Notre-Dame, et la place Notre-Dame.

Art. IV. — Après la messe pontificale, l'inhumation aura lieu dans la chapelle de Sainte-Theudosie, lieu choisi par le très-pieux et très-vénéré défunt.

Art. V. — Nous invitons à cette cérémonie les autorités administratives, judiciaires et militaires conformément au décret du 24 messidor an XII, le clergé de la ville et du diocèse ; les élèves du séminaire, les religieux, les religieuses non-cloitrées, les lycées, collèges, écoles, établissements hospitaliers, confréries, sociétés, et autres qui ont coutume d'assister aux processions générales.

Art. VI. — La veille, la cérémonie sera annoncée par le son des cloches de la Cathédrale et de toutes les paroisses de la ville.

Le jour des funérailles était enfin arrivé. Mardi matin, le corps de Monseigneur fut transféré de la chapelle dans le grand vestibule du Palais Episcopal, transformé en chapelle ardente. Selon le rit prescrit par le Cérémonial des Evêques, l'Office des Morts y fut récité dans l'ordre suivant :

A huit heures, les RR. PP. Dominicains dirent le premier nocturne, et après les Laudes, l'Officiant fit l'absoute, conformément au Cérémonial.

Vers neuf heures un quart, les différents groupes qui devaient composer le cortège se réunirent aux endroits indiqués sur l'Ordre de la cérémonie des funérailles dressé par M. l'abbé Deschamps, chanoine honoraire et Maître des Cérémonies de la Basilique ; ils furent reçus et organisés par les ecclésiastiques qui, avec M. l'abbé Mollien, chanoine honoraire, avaient été investis pour la circonstance des fonctions de Maîtres de Cérémonies, dont ils s'acquittèrent avec un talent et une exactitude dignes d'éloges : MM. Postel, Guidet et Houllier, vicaires de la Cathédrale ; Godin et Cadot, vicaires de Saint-Jacques ; Malabat, vicaire de Saint-Remi ; Bondon, vicaire de Saint-Leu ; Carpentier, vicaire de Saint-Germain.

A neuf heures trois quarts, commença le défilé des écoles, corporations et communautés. Pendant ce temps, les autorités et les invités se rendaient dans les salons de l'Evêché où ils devaient être reçus, et NN. SS. les Evêques revêtaient leurs ornements pontificaux dans la galerie des tableaux de Notre-Dame-du-Puy.

A dix heures, Son Excellence Mgr l'Archevêque métropolitain faisait la levée du corps et le clergé se mettait en marche.

Deux pelotons de cavalerie en grande tenue s'avançaient suivis de la Compagnie municipale des Sapeurs-Pompiers volontaires d'Amiens, d'un bataillon de chasseurs à pied, de l'escouade des Sapeurs, des tambours, des clairons, de la musique et d'un bataillon d'infanterie de ligne, avec le drapeau en deuil, précédant les Suisses et les Bedeaux de toutes les églises d'Amiens.

Les Ecoles et Pensionnats, l'Ecole secondaire ecclésiastique Saint-Stanislas ; le petit Séminaire ; l'Ecole libre Saint-Martin ; l'Ecole libre de la Providence ; l'Ecole normale du département et le Lycée formaient un cortège compact et immense, que suivaient les Communautés d'hommes et de femmes, et le Clergé composé de près de six cents Prêtres.

Ensuite venaient NN. SS. les Evêques ; ils marchaient dans l'ordre suivant :

Mgr Hasley, évêque de Beauvais, Noyon et Senlis ;

Mgr Obré, évêque de Zoara, *in partibus ;*

Mgr Thibaudier, évêque de Soissons et Laon, doyen et premier suffragant de la Province de Reims ;

Mgr Monnier, évêque de Lydda, *in partibus,* auxiliaire de S. E. le Cardinal-Archevêque de Cambrai ;

Mgr Delannoy, évêque d'Aire et de Dax ;

Mgr Duquesnay, évêque de Limoges ;

Mgr Freppel, évêque d'Angers ;

Mgr Lequette, évêque d'Arras, Boulogne et Saint-Omer ;

Mgr Meignan, évêque de Châlons ;

Mgr Richard, archevêque de Larisse, *in partibus,*

coadjuteur de S. Em. le Cardinal-Archevêque de Paris.

Ces dix Prélats, en rochet et mozette violette, étaient accompagnés chacun de deux dignitaires ecclésiastiques ; après eux, s'avançait, précédé de la Croix métropolitaine, Mgr Benoît-Marie Langénieux, Archevêque de Reims, Primat de la Gaule-Belgique, accompagné de MM. Juillet et Tourneur, ses Vicaires généraux.

Son Excellence portait la chape et la mitre et bénissait la foule qui s'agenouillait ou s'inclinait respectueusement sur son passage.

Immédiatement après les porte-insignes de l'Archevêque, venaient les insignes pontificaux de Mgr Bataille, voilés d'un crêpe, portés par quatre Séminaristes, et enfin le corps du Prélat sur un vaste brancard, garni de velours noir et blanc, porté à l'épaule par vingt-quatre ouvriers. Sur le cercueil étaient placés les ornements pontificaux.

Les cordons du poële étaient tenus par M. le général Carteret-Trécourt, commandant le 2e Corps d'armée ; par M. Saudbreuil, premier Président de la Cour d'appel ; par M. Spuller, préfet de la Somme, et par M. Delpech, maire de la ville d'Amiens.

Le corps était immédiatement suivi du deuil, conduit par M. Hénocque, doyen du Chapitre, confesseur de Monseigneur, et composé de la famille du Prélat, de ce qu'on nomme la famille Episcopale, c'est-à-dire, des Vicaires généraux et des secrétaires de Mgr Bataille et d'un grand nombre de prêtres du diocèse de Cambrai.

Le Conseil de Fabrique de la Cathédrale venait ensuite et précédait le cortège d'honneur, formé des autorités et des invités ; il nous est impossible, faute de place, d'en faire l'énumération ; disons seulement que la magistrature, l'armée, les administrations y étaient largement représentées.

Une compagnie de chasseurs à pied et deux pelotons de cavalerie fermaient ce majestueux cortège.

La haie était formée par des troupes de la garnison, portant l'arme renversée.

Au milieu d'une foule immense et respectueuse, le convoi, sorti de l'Evêché par la grande porte de la place Saint-Michel, suivit, dans le plus grand ordre et avec une régularité parfaite, les rues et places du Cloître-Notre-Dame, Henri IV, des Sergents, Périgord, des Vergeaux, du Marché-de-Lanselles (côté ouest), des Orfèvres et Basse-Notre-Dame, pour entrer dans la Cathédrale par le grand portail, dont les deux vantaux de la porte centrale étaient recouverts de tentures noires encadrées de blanc et portaient chacun un écusson aux armes de Mgr Bataille. A chacune des deux tours et au-dessus de la galerie des sonneurs, flottaient trois grandes oriflammes noires et blanches ; une oriflamme semblable se voyait à la galerie supérieure de chacun des deux portails latéraux du transsept. Enfin, quatre autres oriflammes flottaient à la galerie de la flèche centrale.

Toutes les maisons des rues suivies par le cortège étaient garnies de tentures noires et blanches ; sur un grand nombre de façades se voyaient des ornements de deuil et des écussons aux armes du Prélat.

La décoration intérieure de la Basilique avait été exécutée avec talent par M. Birchler, tapissier à Amiens, sous la direction de M. l'abbé Vitasse, vicaire de la Cathédrale.

D'élégantes draperies noires, bordées de blanc, garnissaient toute la longueur de la nef et le pourtour du chœur. Ces draperies, fixées en dessous de l'élégante frise qui orne le bas des galeries, descendaient jusqu'au sommet des ogives des nefs latérales qu'elles laissaient à découvert ; à chacune de ces ogives était suspendue une oriflamme noire et blanche. De grandes oriflammes semblables pendaient de la grande voûte, et à cette immense hauteur, produisaient encore un fort bel effet. Ces oriflammes, au chiffre de Monseigneur, avaient été offertes par les Dames et les Enfants de Marie du Sacré-Cœur. On doit aux Dames de Louvencourt les nombreux écussons aux armoiries épiscopales qui se voyaient à l'autel, au catafalque et dans les autres parties de l'église, ainsi que plusieurs des décorations du chœur.

De ces draperies descendaient sur chacun des piliers de la nef et du chœur de longs pendentifs noirs et blancs, qui sans voiler entièrement ces piliers, complétaient le deuil de l'édifice.

Au centre du transsept, s'élevait le catafalque, aux vastes dimensions, surmonté des insignes et des ornements épiscopaux ; il s'abritait sous un immense dais, suspendu à la voûte, à une grande élévation, et dont les doubles pendentifs aux couleurs noire et blanche se rattachaient aux quatres maîtres-piliers de la croisée de l'église.

Les draperies noires et blanches du chœur et du sanctuaire produisaient un magnifique effet. Le trône épiscopal, tendu comme aux grands jours était voilé d'un crêpe. En face, du côté de l'Epître, on avait élevé le trône aux draperies violettes de l'Archevêque métropolitain Officiant. Dix fauteuils, avec prie-Dieu garnis en violet, étaient disposés, cinq de chaque côté du sanctuaire, se faisant vis-à-vis, pour les Evêques assistants. Derrière se trouvaient les sièges des ecclésiastiques qui devaient prendre place dans cette partie de l'église.

Il était dix heures et quelques minutes lorsque les premiers groupes du cortège commencèrent à pénétrer dans la Basilique, où les dames en deuil, qui seules avaient eu permission d'entrer avant le convoi, occupaient la moitié de la grande nef, côté de l'Evangile.

A leur entrée dans l'église, les diverses parties de l'immense cortége, par les soins de MM. les maîtres de cérémonies, se placèrent ainsi :

Les garçons dans la nef latérale du chœur, côté nord ; les filles dans la nef latérale du chœur, côté sud.

Les religieuses près du catafalque et dans le transsept nord.

Les prêtres du diocèse, près du catafalque, et dans le transsept sud.

Les doyens, les curés d'Amiens, les chanoines honoraires et les chanoines, dans le sanctuaire, derrière les évêques, comme nous venons de le dire.

Les autorités, dans le chœur.

Les hommes en deuil, dans la nef, du côté de l'épître.

Les corps de musique, dans le transsept nord, où ils exécutèrent brillamment plusieurs morceaux pendant la cérémonie, ainsi qu'à l'entrée et à la sortie.

Mgr l'Archevêque de Reims, étant monté à son trône, où il revêtit les ornements pontificaux, NN. SS. les Evêques occupèrent les sièges avec prie-Dieu qui leur avaient été préparés, dans l'ordre suivant, à partir de l'autel :

Du côté de l'évangile, NN. SS. les évêques de Chalons, d'Arras, de Limoges, d'Aire, de Beauvais.

Du côté de l'épitre, Mgr l'Archevêque de Larisse, et NN. SS. les évêques d'Angers, de Lydda, de Soissons et de Zoara.

Vers 11 heures 1/4 commença la messe pontificale ; l'Archevêque officiant avait pour diacre, M. l'abbé Débare, Chanoine préchantre ; pour sous-diacre, M. l'abbé Cacheleux, Chanoine prébendé, et pour prêtre assistant, M. l'abbé Juillet, son Vicaire général.

La messe a été chantée par la maîtrise de la Cathédrale, dirigée par M. l'abbé Millant, chanoine-custode, qui a exécuté après l'élévation un *Jesu Salvator*, très-remarqué.

Le saint Sacrifice étant terminé, vers midi 1/4, Mgr l'Evêque d'Arras monta dans la chaire, recouverte en partie d'un voile de crêpe, et adressa à la foule immense qui remplissait la Cathédrale une émouvante allocution, dont nous espérons reproduire les principales pensées dans l'analyse suivante :

« Messeigneurs, Nos Très-Chers Frères,

» Une voix plus éloquente et plus autorisée que la mienne doit dans quelques jours se faire entendre dans cette chaire. Il y a six ans à peine, au jour du sacre de Mgr Louis-Désiré Bataille, cette même voix a retracé les devoirs de l'Episcopat : il lui sera facile de montrer que celui qui fait aujourd'hui l'objet de notre commune douleur y a été fidèle. Et déjà la ville, témoin de son dévouement, peut s'écrier avec nos Saints Livres : *Consummatus in brevi, explevit tempora multa.*

» Le vénérable Chapitre de cette Cathédrale n'a pas voulu laisser passer cette cérémonie sans que descendissent de cette chaire en deuil quelques paroles du cœur sur une mort si triste pour nous.

» Monseigneur l'Archevêque de Reims, c'était à vous qu'il appartenait de parler en cette circonstance. C'est à notre humble personne que, sur votre invitation, il a été donné de remplir cette mission : il eût été difficile de résister en raison de l'amitié fraternelle qui nous unissait au Prélat défunt. Notre cœur, la part que nous avons prise à sa consécration, nous faisaient un doux devoir d'accepter.

» Nous éprouvons, Nos Très-Chers Frères, une vive émotion personnelle en ce moment. Il y aura bientôt un an ; dans cette même chaire, nous étions appelé à faire le Panégyrique de saint Jean-Baptiste, précurseur de Notre-Seigneur Jésus-Christ. Après avoir, en face du trône d'honneur où siégeait le précieux dépôt religieusement gardé par la ville d'Amiens, décrit quelques-unes des vertus qui ont fait de saint Jean-Baptiste le plus grand des enfants des hommes, nous formions les vœux les plus ardents pour la prolongation d'un épiscopat qui promettait tant dès le début. Et voilà que la mort, la cruelle mort, vient anéantir ces vœux, briser ces espérances si chères. Ah ! c'est bien le lieu de nous écrier avec le prophète : *Defecit gaudium cordis nostri : versus est in luctum chorus noster ;* la joie de notre cœur est éteinte ; nos concerts sont changés en lamentations. Il est ravi à nos affections, ce Pontife qui a si bien mérité ce titre et rempli le devoir de bon Pasteur.

» Saint-Jacques de Douai est là tout d'abord pour rendre témoignage à son infatigable dévouement. Ce que Mgr Bataille fut pour Saint-Jacques de Douai, il l'a été pour Amiens, pour son diocèse tout entier.

» Il est du devoir d'un bon Pasteur de connaître ses brebis. Vous savez Nos Très-Chers Frères, ce que Mgr Bataille a fait pour cela. En moins de six ans, il a parcouru deux fois dans toute son étendue son immense Diocèse, avec l'activité d'un zèle à toute épreuve.

» Le bon Pasteur nourrit ses brebis : oh ! quelle ardeur enflammait notre illustre défunt pour nourrir ses ouailles de la parole sainte, par tous les moyens.

» Il est du devoir du bon Pasteur de défendre ses brebis : quelle incessante vigilance pour repousser les attaques du monde et ses mauvaises doctrines !

» S'il est du devoir d'un bon pasteur de travailler pour

ses brebis, quelle énergie Mgr Bataille n'a-t-il pas déployée pour exciter son troupeau à rendre à Dieu un culte digne de lui ! Comme il était heureux de pouvoir aider son clergé et les fidèles dans la reconstruction et la restauration des églises ! Vingt-cinq églises consacrées pendant ce trop court épiscopat n'en sont-elles pas une preuve manifeste et permanente ?

» Enfin, s'il est du devoir d'un bon pasteur de donner sa vie pour ses brebis, notre illustre Prélat ne s'est-il pas entièrement sacrifié ! Toujours au travail, *impendar et super impendar pro animabus vestris*, oublieux de cette santé qui réclamait d'autres soins ; et n'est-ce pas cet oubli qui a accéléré cette mort qui nous plonge dans le deuil ?

» Du reste, sa devise est le fidèle écho de sa vie toute entière, *Charitas mea cum omnibus vobis*, ma charité, mon cœur est à vous. Et jusqu'à son dernier soupir, tous ont trouvé place dans son cœur.

» Il était à vous, ce cœur, vénérables membres du Chapitre, ce cœur et cette affection que vous avez su payer sans compter.

» Il était à vous, ce cœur, digne clergé : vous l'avez senti plus d'une fois s'épancher dans les retraites et les visites pastorales.

» Il était à vous, ce cœur, élèves du Séminaire, jeunes plantes du Sanctuaire, l'espoir de sa paternelle sollicitude pour combler les vides, hélas ! trop nombreux de son vaste Diocèse.

Il était à vous, ce cœur, Congrégations, Associations religieuses de toutes sortes. Il voyait en vous, comme ses confrères dans l'épiscopat, de puissants auxiliaires pour l'instruction de la jeunesse et la sanctification des âmes.

» Il était à vous, ce cœur, fidèles de tout rang et de toute condition : enfants et vieillards, riches et pauvres, maîtres et serviteurs. *Charitas mea cum omnibus vobis.*

» Et cette charité ne s'est pas démentie : ah ! qui dira ses derniers moments ! Touchants adieux ! Témoignage sublime de son amour pour tous ! »

Dans quelques instants, les restes mortels de notre vénéré Pontife que vous entourez de vos plus profonds hommages vont descendre dans la tombe, et y reposeront jusqu'au grand jour de la résurrection.

Son âme, nous en avons la confiance, est déjà en possession de la bienheureuse éternité. Appuyé sur les mérites de l'auguste Marie, patronne de cette Basilique, sur la protection de saint Jean-Baptiste qu'il entourait d'un culte si ardent, il se sera présenté avec confiance devant le trône de la Justice qui jugera les justices elles-mêmes ; et alors Dieu lui aura dit : Fidèle serviteur, entrez dans la joie de votre Seigneur. *Intra in gaudium Domini tui !*

Vous le savez, Nos Très-Chers Frères, tant que l'Eglise par son jugement infaillible, n'a pas prononcé sur la sainteté d'un défunt, il est de notre devoir de prier pour lui, et avec d'autant plus de ferveur qu'il nous est plus cher. Nous continuerons donc de prier pour celui à qui nous venons de rendre les derniers honneurs avec la pompe la plus solennelle. En même temps nous conjurerons le Seigneur de nous donner sur le Siège Episcopal un Pontife comme Mgr Bataille, un Evêque selon son cœur. *Dabo vobis sacerdotem juxta cor meum.*

Le discours de Mgr Lequette fut suivi des cinq

absoutes solennelles qui ont lieu à l'enterrement des Evêques. Elles furent faites par Mgr de Larisse, par Mgr l'Evêque de Châlons, par Mgr l'Evêque d'Angers, par Mgr l'Evêque de Limoges et par S. Exc. Mgr l'Archevêque Métropolitain, Officiant.

Les absoutes terminées, M. l'abbé Débare, chanoine-préchantre, entonna la belle antienne *In Paradisum deducant te Angeli,* et le cortège des Doyens, des Chanoines et de NN. SS. les Evêques conduisit le corps au lieu de la sépulture.

Le convoi, suivi de la longue file du deuil et des autorités dut, à cause de l'affluence, prendre immédiatement le transsept et le bas-côté septentrional du chœur, pour se diriger vers la chapelle de Sainte-Theudosie, où, conformément au désir manifesté par Mgr Bataille, devait avoir lieu l'inhumation. Ce ne fut pas sans une douloureuse émotion que l'on vit la dépouille mortelle du Pontife, parcourir une dernière fois cette Basilique, où le pieux Evêque aimait tant à s'arrêter pour bénir la foule, heureuse de se presser devant lui et de baiser son anneau pastoral. Une fois encore, il passa auprès de cette chapelle de Saint-Jean-Baptiste, où repose l'insigne reliquaire du saint Précurseur qu'il a tant aimé à glorifier pendant sa vie. Enfin le cercueil arriva devant la chapelle de la

Sainte amiénoise, où Mgr Bataille a voulu dormir son dernier sommeil et attendre le jour de la résurrection bienheureuse, auprès du cœur de Mgr de Salinis, à quelques pas de la tombe de Mgr Boudinet.

Le corps ayant été déposé à l'entrée de la chapelle, S. Exc. Mgr l'Archevêque de Reims fit les prières de l'inhumation. A une heure 25 minutes, l'*Amen* final annonçait que la cérémonie était terminée. Les Evêques, puis les chanoines, les curés de la ville épiscopale, les membres de la famille et les autorités principales aspergèrent le corps, qui un peu plus tard, lorsque tout le monde se fût retiré, fut descendu dans le caveau sous la direction de M. Massenot, architecte diocésain.

Un mot maintenant sur le tombeau de Mgr Bataille. C'est à M. Salmon que nous empruntons encore ces détails. (1)

On sait que le Pontife dont l'Eglise d'Amiens déplore la perte, a voulu être inhumé dans la chapelle de Sainte-Theudosie.

La tombe de Monseigneur, située au pied même de l'autel, au centre de la chapelle, a été creusée dans la maçonnerie qui constitue les fondements de la Cathédrale. Suivant la

(1) *Semaine religieuse d'Amiens*, passim.

croyance populaire, la Basilique serait construite sur pilotis. Il n'en est rien, tout l'édifice repose sur un énorme massif de maçonnerie, d'une solidité inébranlable et dont les mortiers ont la dureté du marbre. C'est dans ce bloc compact qu'il fallait donc creuser la fosse où devaient être déposés les restes mortels du vénéré Prélat : l'opération n'était pas sans difficulté, non-seulement à cause de la dureté de la pierre, mais aussi à cause du court espace du temps dont on pouvait disposer pour mener l'œuvre à bonne fin. Cependant, grâce au talent de M. Massenot, architecte diocésain, et des ouvriers travaillant sous sa direction, qui, divisés en deux équipes, restèrent nuit et jour à la besogne, tout fut achevé avant le moment voulu. La fosse maçonnée en briques, creusée à la profondeur habituelle de 2 mètres a une longueur dans œuvre de 2 mètres 20 centimètres, sur 80 centimètres de largeur. Le cercueil y repose sur deux tasseaux de pierre. Quatre dalles en roche ferment l'ouverture du caveau ; au-dessus de ces pierres sera posée la dalle tumulaire, en marbre de Lunel, avec des ornements et une épitaphe.

En attendant le placement de cette dalle, les pierres qui ferment le caveau sépulcral ont été dissimulées par des planches que recouvre un tapis ; dès le mercredi 18 juin, la chapelle de Sainte-Theudosie avait repris son aspect habituel, sauf les bouquets et les couronnes qui s'accumulent chaque jour sur cette tombe, objet continuel de pieuses visites de la part des habitants d'Amiens et du diocèse. Ce même jour, à six heures du matin, la messe fut célébrée à l'autel de la Sainte amiénoise, par M. l'abbé Dahiez, pour le repos de l'âme du Prélat. Mgr Bataille est le 29e des Evêques d'Amiens dont les restes mortels reposent en tout ou en partie, sous les voûtes de leur Cathédrale, depuis Evrard de Fouilloy qui a jeté les fondements de cette Basilique en 1220.

Le cœur de Mgr de Salinis, qui jamais ne fut absent d'Amiens par l'affection, et que la mort y a ramené, se trouve dans la chapelle de Sainte-Theudosie. Le petit sépulcre où il repose est placé sous le pavé de la chapelle, au pied de la muraille contre laquelle est fixée la plaque de cuivre portant une élégante inscription latine.

Mgr Bataille, pendant son séjour à Juilly, avait eu, croyons-nous, occasion d'y connaître Mgr de Salinis. Lorsqu'ils se rencontrèrent ainsi dans cette maison célèbre, l'un d'eux n'avait pas encore franchi le dernier degré du sanctuaire, l'autre était déjà dans la maturité de l'âge : auraient-ils pu penser alors, que la Providence les destinait tous deux à monter, à vingt-cinq ans d'intervalle sur le siège épiscopal d'Amiens, et qu'un jour viendrait où leurs restes mortels dormiraient ensemble sous les voûtes sublimes de la même Basilique, qu'ils auraient tous deux illustrée pendant leur vie par leurs talents et par leurs vertus.

Avec le diocèse d'Amiens, il en est un surtout d'où sont montées vers le Ciel les prières les plus ferventes pour le saint Prélat que Dieu nous a repris. Le diocèse de Cambrai, justement fier d'avoir donné naissance à Mgr Bataille, ne pouvait, en effet, demeurer insensible à cette perte cruelle, et dans ce diocèse deux villes entre toutes les autres devaient s'en montrer affligées : Houplines, pays natal du pieux Evêque, et Douai, sa ville de prédilection, la ville où se trouve la paroisse à laquelle Monseigneur s'est donné tout entier pendant près de trente années, c'est-à-dire la moitié de sa vie. Ces deux paroisses, Saint-Jacques de Douai et Houplines, ont payé à la mémoire de l'Evêque d'Amiens un juste tribut de regrets et de reconnaissance, dont nous devons conserver le souvenir aux habitants de notre diocèse.

On lit dans la *Gazette de Douai* du 25 juin :

« Hier lundi, 23 juin, a été célébré en l'église Saint-Jacques et du Saint-Sacrement de Miracle, à Douai, un service funèbre très-solennel, pour le repos de l'âme de Mgr Bataille, ancien Doyen de cette paroisse, décédé Évêque d'Amiens à l'âge de 59 ans à peine.

» Une foule immense se pressait dans le lieu saint ; on y remarquait outre la famille en deuil, si douloureusement frappée, une députation de la ville d'Amiens, qui était venue mêler ses larmes à celles de la paroisse Saint-Jacques et de la ville de Douai.

» Dans le chœur étaient placés les notabilités et un nombreux clergé, venu notamment de l'arrondissement de Douai, dont l'ancien doyen de Saint-Jacques fut l'archiprêtre bien-aimé. Parmi les membres du clergé se trouvaient des ecclésiastiques du diocèse d'Amiens. M. le chanoine Dahiez, ancien vicaire de Saint-Jacques, devenu depuis secrétaire particulier de Mgr Bataille, et M. l'abbé Edmond Jaspar, curé-doyen de Saint-Jacques, et successeur immédiat du prélat défunt, accompagnaient le deuil.

» L'église était entièrement tendue de noir. Des oriflammes noires et blanches, portant les armoiries de Mgr Bataille, décoraient toutes les colonnes. Un catafalque richement orné et illuminé, placé au milieu de la coupole, était surmonté de la crosse, de la mitre et des autres attributs épiscopaux.

» M. le chanoine Dahiez, archiprêtre-doyen de Saint-Pierre, officia au service funèbre, chanté par la maîtrise de Saint-Jacques avec beaucoup d'ensemble.

» Le saint Sacrifice terminé, M. l'abbé Deroubaix, curé-doyen de Notre-Dame, a prononcé, avec tout le talent qu'on lui connaît, l'éloge funèbre du si regretté défunt, au milieu des sanglots de l'assistance. »

On écrivait également d'Houplines :

« Hier mercredi, la paroisse d'Houplines, qui a eu l'honneur de donner le jour à Mgr Bataille, faisait célébrer un service solennel pour l'âme du saint Evêque, dont la mort prématurée laisse de si profonds regrets à Amiens et à Douai.

» Toute la population, justement fière d'avoir donné un évêque à l'Eglise, était en deuil et assistait à cette touchante cérémonie. Le Conseil de fabrique et le Conseil municipal, que l'on avait remarqués aux funérailles, étaient au premier rang.

» Au clergé du décanat d'Armentières étaient venus se joindre les prêtres originaires d'Houplines et de nombreux amis du vénérable défunt, parmi lesquels on remarquait M. l'Archiprêtre de Saint-André, à Lille, M. le chanoine Dehaine, M. le chanoine Pruvost, MM. les doyens de Saint-Christophe, à Tourcoing, et d'Haubourdin.

» MM. les chanoines Gadenne et Dahiez conduisaient le deuil de famille.

» Il n'a pas été difficile à M. le Doyen de Notre-Dame de Douai de faire couler les larmes de l'assistance, en rappelant ce qu'a été Mgr Bataille pour la paroisse Saint-Jacques, pour le diocèse d'Amiens et pour son village natal.

» Le souvenir de sa piété filiale et des cérémonies que le Prélat a présidées dans l'église où il fut baptisé et où il a fait sa première communion, la part qu'il prenait aux joies et aux tristesses de ses compatriotes, la cordialité qu'il montrait en visitant ses amis d'enfance : tout remuait les cœurs.

» La mort ne brisera point les liens qui unissaient l'Evêque à ses concitoyens, et son nom, donné à l'une des rues de la localité, sera toujours entouré d'amour et de vénération. »

Il serait trop long, pour ne pas dire impossible de rapporter ici toutes les manifestations de la piété chrétienne autour du tombeau de notre Evêque tant regretté. Résumons-nous donc, et constatons que toutes les pieuses Associations de la ville d'Amiens : Conférences de Saint-Vincent-de-Paul, Société de Saint-François-de-Sales, Enfants de Marie, Œuvre des bons livres, des Mères-Chrétiennes, etc. etc., ont fait célébrer, chacune à leur tour, une messe pour le bien-aimé Pontife auquel toutes ces Associations tiennent à honneur de témoigner ainsi leur reconnaissance et leurs regrets.

III

Au jour à jamais mémorable des funérailles de l'Evêque d'Amiens, Mgr Lequette avait dit dans sa belle et touchante allocution : « Une voix plus éloquente et plus autorisée que la mienne doit bientôt se faire entendre dans cette chaire. » Le 22 juillet fut choisi de concert entre l'orateur Evêque et l'administration diocésaine d'Amiens. Aussi le *Dimanche* portait à la date du 20 juillet cette communication émanée de l'Evêché.

Une messe solennelle pour le repos de l'âme de Sa Grandeur Illustrissime et Révérendissime Mgr Louis-Désiré Bataille, Evêque d'Amiens, sera célébrée à la Cathédrale, mardi prochain, 22 de ce mois, à 10 heures du matin.

L'Oraison funèbre sera prononcée par S. G. Mgr Freppel, Evêque d'Angers.

MM. les Vicaires Capitulaires convoquent à cette cérémonie MM. les Curés, Aumôniers, Vicaires et autres Ecclésiastiques du clergé séculier et régulier de la Ville épiscopale.

Les Ecclésiastiques du dehors, qui voudraient se joindre

au Clergé d'Amiens, auront des places réservées au chœur et au banc d'œuvre.

Tout le Clergé devra être revêtu de l'habit de chœur.

La présente communication tiendra lieu d'invitation écrite.

En même temps MM. les Vicaires Capitulaires adressaient à tous les membres du Clergé la lettre suivante :

Nos Très-Chers Frères,

Un mois se sera bientôt écoulé depuis le jour où notre Pontife et notre Père nous a quittés pour entrer dans cette vie véritable que, dans notre langue chrétienne, nous appelons la lumière et le repos éternels.

Vous connaissez par les récits qui en ont été faits, les circonstances à jamais mémorables qui ont signalé les derniers jours et marqué les derniers moments de notre Evêque regretté. Vous savez avec quel religieux empressement la population tout entière de la ville d'Amiens s'est portée pendant trois jours au Palais épiscopal pour y visiter, disons mieux, pour y vénérer les restes mortels de notre premier Pasteur ; hommes et femmes, enfants et vieillards, riches et pauvres, patrons et ouvriers, officiers et soldats passaient successivement devant la chapelle funéraire, présentant aux pieuses mains chargées de cet office des chapelets, des médailles qu'on faisait toucher au corps du saint Prélat, et qui, reçues avec reconnaissance et amour, étaient emportées dans les demeures comme des souvenirs destinés à appeler sur les familles les bénédictions du Ciel.

Qui parmi vous, nos très-chers Frères, n'a entendu parler, si même il n'en a pas été le témoin, des magnifiques funérailles que la vénération de ses illustres collègues, l'amour de son clergé et l'affection de son peuple ont faites le mardi 17 juin à Mgr Bataille ? Non-seulement les Evêques de la province, et à leur tête Mgr l'Archevêque de Reims, notre éminent Métropolitain, se sont fait un devoir de témoigner, par leur présence, de la haute estime en laquelle ils tenaient l'Evêque d'Amiens ; mais du nord et du midi, du centre et de l'ouest de la France, d'autres Evêques, amis du nôtre, sont venus pleurer avec nous, et nous montrer le touchant et magnifique spectacle d'un long cortège de Pontifes, menant le deuil d'un frère et d'un ami.

Autour du cercueil du Père de nos âmes, nous avons vu réunis dans le même sentiment de sympathiques regrets, les chefs de l'armée et de la magistrature, les représentants les plus élevés du département et de la cité. Parmi les nombreuses institutions dont notre ville s'honore, aucune n'a voulu être absente de ce convoi véritablement grandiose, qui a pris les proportions d'un deuil universel et public. C'est ainsi que Dieu exalte les humbles, et qu'il ménage à son Eglise, même dans les jours les plus difficiles, des triomphes inattendus.

Heureux de ces témoignages, consolés par ce spectacle, émus encore des paroles éloquentes et attendries que laissait tomber du haut de la chaire le vénérable Evêque qui avait bien voulu se faire, en cette circonstance, l'interprète de nos regrets et de nos larmes, nous n'avons pas cru cependant que là dût s'arrêter la voix de notre prière, et l'hommage de notre filiale piété. Il est d'usage, en France, qu'un service solennel soit célébré pour l'Evêque, le quarantième jour après sa mort, et qu'une voix de nouveau se fasse entendre pour raconter sa vie et ses vertus. Conformément à cette pieuse coutume, et après avoir conféré avec le vénérable Chapitre, nous venons vous annoncer, N. T.-C. F., qu'un service sera célébré, à la Cathédrale, le mardi 22 juillet, à dix heures, pour le repos de l'âme de Mgr Louis-Désiré Bataille, Evêque d'Amiens. L'Oraison funèbre sera prononcée par Mgr Freppel, évêque d'Angers ; Mgr l'Archevêque de Reims et d'autres Prélats ont bien voulu nous laisser espérer qu'ils assisteraient à cette cérémonie.

Vous serez heureux, N.T.-C. F., de venir vous réunir de nouveau sous les voûtes qui abritent la tombe de votre Evêque, et par votre concours, de faire à votre manière le panégyrique du père que nous pleurons.

Et sera notre présente Lettre lue au prône dans l'église Cathédrale et dans toutes les églises et chapelles du Diocèse, le Dimanche qui en suivra la réception.

Donné à Amiens, en notre salle capitulaire, sous notre seing, le sceau des armes du Chapitre, et le contre-seing du Secrétaire général de l'Evêché, le 2 juillet de l'an de Notre-Seigneur mil huit cent soixante-dix-neuf, fête de la Visitation de la Très-Sainte Vierge.

B. MOREL, FALLIÈRES,
HÉNOCQUE, DUVAL.

Par Mandement de MM. les Vicaires Capitulaires :

J. DUCLERCQ,
Chan., Secrétaire général.

L'*Echo de la Somme*, au lendemain de cette cérémonie s'exprimait ainsi :

Aujourd'hui a été célébré à la Cathédrale d'Amiens le service du quarantième jour, pour le repos de l'âme de Mgr Bataille.

La messe a été dite par Mgr Obré, évêque de Zoara, qui officiait pontificalement. Mgr Monnier, évêque de Lydda, assistait. Un clergé très nombreux, et une foule de fidèles appartenant à toutes les classes de la société, se pressaient dans les vastes nefs de la Basilique.

Après la messe, Mgr Freppel a prononcé l'Oraison funèbre du vénéré et regretté défunt. Jusqu'à présent, il ne nous avait pas été donné d'entendre Mgr l'Evêque d'Angers dont la grande renommée était seule venue jusqu'à nous. C'était donc avec une véritable joie, que nous nous préparions à écouter l'éminent Prélat en qui l'Episcopat français tout entier se plaît à saluer un de ses plus illustres représentants. Hâtons-nous de le dire : nos espérances ont été dépassées, et jamais la parole d'un orateur, qu'elle nous parvint de la chaire sacrée, de la tribune parlementaire ou de la barre de la justice, ne nous avait aussi profondément impressionnés que l'Oraison funèbre dont les accents inspirés par l'éloquence et par la foi retentissent encore dans notre cœur.

Nous ne pouvons rien faire de mieux que de reproduire intégralement le discours de l'incomparable panégyriste.

ORAISON FUNÈBRE

PRONONCÉE

PAR MONSEIGNEUR FREPPEL

EVÊQUE D'ANGERS

Consummatus in brevi, explevit tempora multa.

Consommé en peu de temps, il a rempli une longue carrière.

SAGESSE IV, 13.

MES FRÈRES,

Il y a six ans, dans une ville sœur et voisine de la vôtre, s'accomplissait l'une de ces cérémonies qui laissent au cœur des peuples un souvenir ineffaçable. Les rangs de l'Episcopat venaient de s'ouvrir à un prêtre que son rare mérite designait depuis longtemps pour cette haute et périlleuse fonction. Aussi quelle allégresse dans toute la cité heureuse et fière d'une élévation qui l'honorait elle-même ! Pas de pompe, pas de démonstration publique qui ne parût au-dessous d'une fête dont chaque famille faisait la sienne propre. C'était à qui témoignerait le plus vivement une joie à laquelle nul n'aurait voulu être étranger. Quant au nouvel élu, plein de grâce et de force, il était là, comme le Pontife de l'ancienne loi, auprès de l'autel où l'huile sainte allait couler sur son front, *ipse stans juxta aram ;* et ses frères dans l'épiscopat lui formaient une couronne d'honneur, *circa illum corona fratrum* (1). Tandis que, dans l'intérieur du temple, des milliers de fidèles unissaient leurs prières à celles de la sainte liturgie, un diocèse tout entier y répondait de loin par ses vœux et ses pieux désirs. Ici comme là, tous les cœurs s'ouvraient à l'espérance que faisait concevoir un ministère inauguré sous de si heureux auspices et devant un avenir que le présent et le passé remplissaient de telles promesses, celui qui se fait en ce jour l'interprète de votre deuil, pouvait dire ces paroles que la religion et l'amitié lui mettaient sur les lèvres : « Vivez de longues années pour le bien du troupeau confié à vos soins, pour la joie et l'édification de vos amis, pour la consolation de l'Eglise notre mère, pour la gloire de Jésus-Christ, notre Maître et notre Seigneur ! (2). »

Hélas ! mes Frères, ni vos souhaits ni les miens ne devaient être exaucés. Celui qui tient nos vies entre ses mains, et dont les desseins sont impénétrables, a permis qu'une fin prématurée vînt mettre à néant nos espérances communes. Entre les solennités joyeuses de Douai, et les cérémonies funèbres d'Amiens, à peine quelques courtes années se sont-elles écoulées, comme pour mieux faire sentir le coup que la mort allait frapper au milieu de vous. Mais j'entends le Sage qui nous dit : « Ce n'est pas au nombre des années qu'il faut mesurer l'honneur et le mérite d'une

(1) Eccli., L, 13.

(2) Discours sur la puissance ecclésiastique prononcé au sacre de Mgr Bataille, Evêque d'Amiens, dans l'église Saint-Pierre de Douai, le 21 septembre 1873, (*Œuvres oratoires*, tome III).

vie : *senectus venerabilis est non diuturna neque annorum numero computata ;* car une vie sans tache est toujours une longue vie ; *ætas senectutis vita immaculata.* La vertu peut racheter par sa grandeur ce qui lui manque en durée ; et lors même que le juste est surpris par la mort au milieu de sa course *et si morte præoccupatus fuerit,* ses œuvres n'en conservent pas moins leur éclat et leur fécondité : consommé en peu de temps, il aura rempli une longue carrière : *consummatus in brevi, explevit tempora multa* (1). »

Oui, sans doute, à l'Evêque pour qui nous formions, le jour de son sacre, des vœux si ardents, il n'a pas été donné de vivre de longues années pour le bien du troupeau confié à ses soins. Mais, dans cet épiscopat si jeune encore, et déjà rempli de tant d'œuvres, la mort elle-même aura compté comme un sacrifice méritoire pour vos âmes ; et peut-être un tel sacrifice, accepté de si grand cœur, vous aura-t-il profité, plus que n'auraient pu faire les travaux d'une longue vie. Car c'est aux clartés de la foi que s'illuminent les plans divins et les destinées humaines. Rien ne vaut, dans l'ordre surnaturel, les mérites de la souffrance ; et quand, durant cette longue immolation de lui-même, où la mort s'approchait de lui peu à peu et par degrés, comme pour lui permettre de se familiariser avec elle, le pieux Prélat tournait son regard triste, mais résigné, vers cette splendide basilique dans laquelle il ne devait plus reparaître vivant, vers cette cité d'Amiens qui lui était devenue si chère, vers ce bon peuple au milieu duquel il avait trouvé tant d'affection, vers ces amis fidèles qui, de loin comme de près, s'associaient à ses angoisses, vers cette famille dont il était l'âme et que

(1) Sagesse, IV, 7 et ss.

son trépas allait frapper d'un si grand deuil ; lorsqu'il voyait ainsi, lui, naguère si plein de force et d'ardeur, son ministère arrêté avant le temps, ses œuvres inachevées, ses travaux interrompus sans espoir de les reprendre jamais : ah ! dites-moi, ces liens si intimes et qu'il sentait se rompre un à un, ces déchirements de l'âme, ces séparations d'autant plus douloureuses qu'elles étaient moins prévues, tout cet ensemble de sacrifices accomplis sans murmure et sans regret, dans un admirable esprit de foi et de soumission à la volonté divine, n'étaient-ce pas les mérites d'une vie plus longue amassés d'avance et concentrés pour ainsi dire dans quelques mois de souffrance et de résignation ? *Consummatus in brevi !* C'est vers la Croix qu'il faut regarder, pour découvrir la source la plus féconde de la grâce et du mérite. Notre-Seigneur Jésus-Christ, le modèle des pasteurs, a sauvé le monde par sa mort plus encore que par sa vie ; et si les courtes années de sa mission terrestre ont été pour l'humanité un immense bienfait, c'est par la Passion du Calvaire qu'il a commencé le grand œuvre de la Rédemption.

Vous avez compris, mes Frères, toute l'étendue d'un sacrifice auquel votre fidélité même ajoutait tant de valeur, Il est si dur, il est si pénible de se séparer d'une réunion d'âmes telle que la vôtre ! Cette séparation, votre bien-aimé Pasteur la sentait si vivement ! Aussi l'avez-vous pleuré, comme si son épiscopat s'était prolongé au milieu de vous jusqu'à l'âge le plus avancé ; et ce n'est pas sans émotion que le jour de ses funérailles nous avons vu la ville d'Amiens et le diocèse tout entier manifester par les marques éclatantes de leur deuil une telle unanimité de regrets. Vous avez éprouvé ce que disait le pape saint Grégoire le Grand parlant d'un Evêque enlevé trop tôt à l'affection de son troupeau : « Quant à lui, il est allé recevoir la récompense de ses travaux *et quidem ille ad præmina desiderata pervenit ;* mais ceux qu'il faut plaindre, ce sont les fidèles d'une cité qui n'a pas eu le bonheur de conserver longtemps un tel pasteur : *sed infelix populus civitatis lugendus est, qui pastorem talem diu habere non meruit* (1). » Et d'où venait un attachement si général et si profond pour un Pontife qui avait eu à peine le temps de se faire connaître de vous ? Ah ! c'est qu'il possédait de toutes les qualités celle qui attire davantage les cœurs et exerce sur eux l'impression la plus vive : il avait l'âme éminemment pastorale. Voilà le trait caractéristique de sa vie, ce qui en fait tout ensemble la grandeur et l'unité. A Douai et à Amiens, au second rang de la hiérarchie comme au premier, il a réalisé, dans une haute perfection, l'idéal du Pasteur des âmes. Telle sera la matière de l'éloge que j'ai le dessein de consacrer à la mémoire de Mgr Louis-Désiré Bataille, Evêque d'Amiens.

I

C'est l'honneur comme la force du clergé français d'avoir été, à toutes les époques de notre histoire, l'expression la plus vraie et la plus complète de la nation elle-même. Jamais, chez aucun peuple chrétien, l'on n'aura vu, quinze siècles durant, une harmonie aussi intime entre le sentiment religieux et l'esprit public. C'est que, dans ce long espace de temps, et à travers toutes les transformations politiques ou

(1) *Epistol.*, 1. V., ep. 17, *de morte Episcopi.*

sociales, l'Eglise n'a cessé de tailler son sacerdoce dans la partie saine et vigoureuse du pays. Au château féodal, comme dans la ferme du laboureur, elle allait prendre le sang le plus pur et le plus généreux, pour renouveler et perpétuer la succession de ses ministres. Il en est résulté qu'à chaque époque de sa vie nationale, la France pouvait, non sans un légitime orgueil, se retrouver dans son clergé, comme dans une image fidèle de sa propre grandeur. Aujourd'hui que la sève morale, trop souvent affaiblie dans les villes, circule plus abondante dans les campagnes restées généralement fortes et pures, Dieu se plaît à faire germer la plupart des vocations religieuses dans un milieu si propice à leur développement. Et ce n'est pas sans motif, mes Frères, que la Providence, toujours admirable dans ses voies, fait précéder les grandes élévations de si humbles origines. C'est afin de rappeler à ceux qui seraient tentés de l'oublier, que le clergé, sorti en majeure partie des rangs du peuple, en connaît les besoins comme il en exprime les vrais sentiments ; qu'il a ses racines au plus profond du pays ; que son cœur bat à l'unisson des classes laborieuses, dont les fortes habitudes se prolongent dans son sein ; qu'avant d'être appelé à soulager la souffrance, il l'a vue de près, souvent même partagée, et que loin de former une caste à part dans le reste de la nation, comme voudraient le faire accroire d'injustes détracteurs, il s'identifie par son origine avec tout ce qu'il y a de plus vivant dans la société, à laquelle il rend en lumières et en dévouement ce qu'il reçoit d'elle en vigueur et en mâle simplicité.

Voyez, en effet, cet enfant de la campagne que Dieu destine à remplir un jour les plus hautes fonctions dans son

Eglise. Il a respiré, dès le bas âge, une atmosphère tout imprégnée du parfum de la piété chrétienne. Au foyer domestique, la vertu s'est montrée à lui sous la figure attrayante d'un père et d'une mère qui n'interrompent le travail de la journée que pour joindre leurs mains dans la prière de la foi. Rejeton béni d'une famille nombreuse, il n'a trouvé autour de lui que de bons exemples auxquels l'amitié fraternelle prêtait une force et un charme de plus. Ainsi se sont écoulées les premières années de son enfance, au milieu des siens, dont il va selon toute apparence partager la modeste condition. Cependant un goût particulier l'incline vers les choses de l'esprit. Quand on lui parle de Dieu, sa jeune âme tressaille ; les cérémonies de l'Eglise l'émeuvent ; le service de l'autel est sa plus douce jouissance. Alors, pour décider de son avenir, la Providence met sur son chemin quelque prêtre pieux et zélé qui suit de l'œil ce travail de la grâce, étudie avec soin cette vocation naissante, met à l'épreuve les ardeurs d'une volonté qui ne sait pas encore mesurer sa force, discerne ces aptitudes avec l'expérience que donne le commerce des âmes, encourage sans presser, dirige plutôt qu'il ne pousse, et après avoir initié le jeune écolier aux premiers éléments de la science, le conduit pas à pas jusqu'au seuil du noviciat où l'Eglise prépare de loin ses clercs futurs au plus saint et au plus redoutable des ministères.

En rappelant par quelle voie naissent et se développent de nos jours tant de vocations sacerdotales, j'ai résumé l'histoire de votre Evêque dans ses premières années. Car, lui aussi, il était de ceux qui semblent, en quelque sorte, porter avec eux en naissant le signe de l'élection. Comme Samuel ils entendent dès le bas âge la voix de Dieu qui les appelle ; et cette voix leur parle au cœur avec une autorité que ne possède aucune autre. Ils suivent docilement l'attrait souverain de la grâce ; et, comme un vaisseau qui se laisse aller au gré d'un vent protecteur, ils arrivent devant l'Eglise qui les reçoit et aux pieds du Christ qui les bénit, poussés par une force secrète qui dirige leur jeunesse dans un cours non troublé. Au collège d'Armentières, comme plus tard, au petit et au grand Séminaire de Cambrai, l'abbé Bataille devait réaliser toutes les espérances qu'avaient fait concevoir ses débuts dans l'école et au presbytère d'Houplines. Alors déjà, durant cette première période de la vie, où les qualités de l'homme éclatent dans leur fleur, il manifestait cette douceur et cette affabilité, qui, à le voir et à l'entendre, faisait penser au mot du Sage : *vir amabilis ad societatem* (1). Tout prévenait en sa faveur : et cette modestie sincère, qui le portait à s'effacer derrière les autres, alors même que son mérite le plaçait à leur tête ; et cette grâce parfaite répandue sur toute sa personne, et qui était comme la transparence d'une belle âme dont rien ne parvenait à troubler la sérénité ; et ce charme d'une conversation où il entrait à la fois tant de franchise et de délicatesse ; et, plus encore, cette bonté vraiment séduisante, qui lui faisait trouver si facilement le chemin des cœurs. C'était bien le Pasteur des âmes qui s'annonçait dès lors tel que vous deviez apprendre à le connaître plus tard, avec les dons et les qualités qui allaient le rendre cher à Dieu et aux hommes : *Dilectus Deo et hominibus* (2).

(1) Prov. XVIII, 24.
(2) Eccli., XLV, 1.

Rien n'est plus utile à une jeune intelligence que de se trouver en face de grands souvenirs et de grandes institutions. Il y a dans ces traditions du passé rajeunies par des gloires nouvelles une source d'influences salutaires pour l'esprit comme pour le cœur. Telle dut être l'impression qu'éprouva l'abbé Bataille, quand son Evêque lui eut permis d'aller compléter ses études théologiques et littéraires dans l'antique et célèbre établissement de Juilly. Brillantes destinées que celles d'une maison sur laquelle plane dès l'origine, comme une ombre tutélaire, la figure virginale de sainte Geneviève ; où les grandeurs sévères de la vie monastique ne disparaissent au bout de longs siècles que pour faire place à un épanouissement splendide des sciences et des lettres ; où pendant la période la plus éclatante de notre histoire, l'Oratoire de France devient pour le pays tout entier un vaste foyer de lumières et de vertus ; où ses Bérulle, ses Condren, ses Thomassin, ses Mallebranche, viennent apporter ou puiser tour à tour des trésors de piété, de doctrine et d'érudition ; où depuis les Berwick et les Villars jusqu'aux Bonald et aux Berryer, la France chrétienne ne cesse de recruter une élite d'hommes qui la servent avec un égal succès, par le conseil ou par l'épée, par la parole ou par l'action ! Comme aux plus beaux jours de son histoire, Juilly semblait être redevenu un foyer d'études incomparable, après qu'une pléiade d'éminents esprits y eurent transporté le siège d'une société de prêtres dont, jusqu'alors, la capitale de l'Alsace avait été si justement fière. Aussi, douce était la joie du jeune diacre de Cambrai, lorsque, en compagnie de tels maîtres, dans les majestueuses allées du parc, bordées d'ormes séculaires, il s'en allait questionnant l'un sur la philosophie, s'entretenant avec l'autre de philologie ou d'histoire, et mettant à profit dans ces familiers entretiens tout ce que l'expérience jointe au talent pouvait lui apprendre de plus sûr et de meilleur. Associé de travail et de goût à d'autres jeunes hommes de son âge, il trouva parmi eux des amitiés précieuses, qui allaient le suivre tout le long de la vie ; et je ne croirais pas avoir complété cette page de sa jeunesse sacerdotale, si je n'y donnais une grande place au prêtre si pieux et si distingué qui, après avoir recueilli dans la direction de Juilly l'héritage des Salinis et des Bautain, devait honorer plus tard le Chapitre et l'Université d'Angers par l'éclat de sa science et le mérite de ses vertus (1).

Toutefois, mes Frères, le court passage de l'abbé Bataille à Juilly ne devait avoir d'autre but que de l'initier aux choses de l'enseignement et de l'éducation, en lui montrant la grande place qu'elles tiennent dans la mission de l'Eglise. C'est dans un autre ministère, plus conforme à ses goûts, qu'il était appelé à déployer son zèle et ses talents. Dieu, qui a fondé son Eglise pour le salut des âmes, a établi au milieu d'elle une fonction sans pareille dans le monde. Pour créer cette fonction, il s'est plu à réunir dans une harmonie féconde, en les appliquant à l'ordre spirituel, tous les caractères que le pouvoir est susceptible de revêtir. Il a pris dans la famille et dans la société humaine toutes les formes de l'autorité, pour en faire un idéal unique, où chacune d'elles se retrouverait, mais soutenue et perfectionnée par l'alliance des autres. Car l'Eglise, c'est la grande famille des

(1) Mgr Maricourt, prélat domestique de Sa Sainteté, chanoine d'Angers et doyen de la Faculté des Lettres à l'Université de cette ville.

âmes ; l'Eglise, c'est la société des hommes avec Dieu. Voilà pourquoi rien de ce qui commande ici-bas l'affection, la confiance et le respect, ne devait rester absent de la fonction qui a pour objet le salut des âmes. Et, par le fait, il y a dans cette fonction incomparable, telle que le Christ l'a voulue et déterminée, il y a du souverain, il y a du juge, il y a du médecin, il y a du docteur, il y a du père, il y a de la mère, il y a de tout celà ; et tous ces pouvoirs, tous ces ministères, tous ces dévouements, tous ces sacrifices, ennoblis et transfigurés par la grâce, viennent se réunir dans le prêtre, directeur des âmes, pour former la plus salutaire et la plus éminente des fonctions, la fonction pastorale.

L'abbé Bataille était éminemment doué pour une telle fonction. Rarement l'on aura vu réunies dans un accord plus heureux les qualités que décrivait saint Grégoire-le-Grand, lorsqu'il demandait pour cet art des arts : « Une douceur exempte de mollesse, *sit itaque amor sed non emolliens ;* une fermeté sans raideur, *sit vigor sed non exasperans ;* un zèle tempéré par la sagesse, *sit zelus sed non immoderate sæviens ;* une bonté qui ne pousse pas l'indulgence jusqu'à la faiblesse, *sit pietas sed non plus quam expediat parcens* (1). » Nul n'avait mieux compris les paroles de ce grand maître exhortant les pasteurs des âmes à se montrer pères par l'autorité, mères par l'affection et la tendresse : *Curandum quippe est ut rectorem subditis et matrem pietas et patrem exhibeat disciplina* (2). Dès le début de son ministère, l'on avait pu admirer dans le jeune vicaire de Saint-Jacques de Douai ce tact et cette prudence si nécessaires à la

(1) *Regula pastoralis.* pars. II, 7.
(2) *Ibid*, 6.

direction des âmes, pour éviter les froissements et prévenir les difficultés ; cette sûreté de coup-d'œil et cette rectitude de jugement qui permettent au prêtre de sonder d'une main discrète les plaies qu'il doit guérir, en lui faisant trouver le remède à la fois le plus prompt et le plus efficace ; cette fidélité au devoir, toujours égale à elle-même jusque dans les moindres choses ; cette parole affectueuse, quoique pleine de réserve, qui sait gagner la confiance sans provoquer la familiarité ; et cette charité compatissante, qui, tout en se sentant redevable à chacun, incline de préférence vers les petits, les pauvres, les malades, vers tout ce qu'il y a parmi les hommes de plus faible et de plus déshérité. On le vit bien, quand le plus terrible des fléaux, se déchainant à deux reprises sur la ville de Douai, vint mettre à l'épreuve la constance de ses prêtres, en montrant tout ce qu'il y avait dans leur cœur de dévouement et d'abnégation.

Aussi, grande fut la joie de tous, quand, passant du second rang au premier, l'abbé Bataille se vit appelé à diriger le troupeau qui avait appris à connaître et à bénir son zèle pastoral. Il était de ceux qui sont d'autant plus dignes de commander, qu'ils ont su mieux obéir. Le respect et la déférence qu'il n'avait cessé de montrer pour les vétérans du sacerdoce, ses prédécesseurs et ses guides, allaient promptement se reporter sur le nouveau chef de la paroisse, malgré son jeune âge. Touchante institution que celle de la paroisse, de cette famille religieuse qui reproduit en abrégé la famille universelle des âmes, dont elle est le premier et le plus simple élément ! Si l'on n'y trouve pas les grandeurs et les gloires séculaires de l'Eglise épiscopale où elle est incorporée, cette famille spirituelle a également son histoire, plus modeste et plus intime ; elle a son esprit et sa vie propres, ses souvenirs qui se prolongent d'une génération à l'autre, ses traditions de foi et de piété. C'est par elle que le chrétien se rattache au reste de ses frères répandus dans le monde ; car c'est au milieu d'elle que s'élève le berceau de sa vie surnaturelle et divine. Là est le foyer de son éducation religieuse et morale ; la chaire d'où est descendue sur lui la parole de vérité, la table commune où il s'est assis pour la première fois l'hôte et le convive de Dieu ; la piscine sainte où il est venu tant de fois purifier son âme. Là se sont accomplis, sous le regard de ses frères témoins de son bonheur, les actes les plus importants et les plus solennels de sa vie. Là sera le terme de son pèlerinage ici-bas ; et là seulement, après les courtes années de son existence terrestre, sa mémoire se conservera dans le cœur de ses proches et sur les lèvres du prêtre qui aura béni sa dépouille mortelle. Heureux les pays où de tels sentiments n'ont rien perdu de leur charme, où les liens de la paroisse ont conservé toute leur force, où le pasteur voit son troupeau réuni autour de lui, dans les exercices communs de la prière publique, retenu au bercail par l'affection comme par le devoir, et pouvant ainsi répéter d'une seule et même voix ces paroles du prophète royal : *Quam bonum et quam jucundum habitare fratres in unum* : « Qu'il est bon, qu'il est doux d'habiter ensemble comme des frères (1) ! »

Nul ne sentait plus vivement ces choses que l'archiprêtre de Douai. Aussi quel n'était pas son attachement pour sa chère paroisse de Saint-Jacques ! Quel zèle et quelle ardeur

(1) Ps. CXXXII, 1.

à restaurer et à embellir la maison de Dieu, pour en faire un édifice vraiment digne de son caractère et de sa destination ! Quels soins pieux pour rehausser la majesté du culte par la pompe des fêtes et l'éclat des cérémonies ! Quelle constance et quelle régularité dans le ministère de l'enseignement et de la prédication ! Quelle activité infatigable à soutenir et à multiplier les œuvres et les associations qui sont la vie d'une paroisse ! Il n'y avait ni trêve ni relâche dans ces journées tout entières au service des âmes. De grand matin, il m'en souvient pour en avoir été le témoin ému, l'on voyait le doyen de Saint-Jacques se diriger vers son église, où il passait de longues heures, accessible à quiconque venait chercher auprès de lui des lumières et des consolations. Au presbytère, où il ne rentrait que pour retrouver le travail, sa porte comme son cœur étaient ouverts à tous ceux qui avaient un conseil ou un secours à demander. Quand la visite des malades ne l'appelait pas au dehors, c'est à d'autres œuvres de charité qu'il employait le reste du jour, allant porter des paroles affectueuses à ceux-ci, des aumônes à ceux-là, encourageant les uns, intercédant pour les autres, et se donnant à tous dans l'effusion d'un zèle qui ne se laissait ni effrayer par les obstacles ni ralentir par la fatigue. Sans doute, mes Frères, dans cette immolation continue de soi-même, il n'y a pas le brillant et l'extraordinaire qui font les renommées du monde. Mais la grandeur morale est moins dans l'éclat de la vertu que dans sa persévérance. Rester constamment l'homme de la règle et du devoir ; suivre avec fidélité et jusqu'au bout la voie du bien ; reprendre chaque jour, sans lassitude ni faiblesse, une tâche laborieuse et toujours la même ; puiser dans le sacrifice de la veille la force d'accomplir celui du lendemain ; rattacher une bonne œuvre à l'autre comme les anneaux d'une chaîne dont chacun se relie à celui qui le précède et soutient celui qui le suit ; se consumer ainsi, sans retour sur soi-même, dans une mission toute de dévouement à Dieu et à l'humanité : voilà, mes Frères, ce qui fait les grands mérites et les grandes vies.

Le doyen de Saint-Jacques n'avait pas d'autre ambition que de servir Dieu et ses frères dans les modestes conditions du ministère paroissial. Vivre et mourir au milieu de ceux qui, depuis vingt-neuf ans, lui prodiguaient les marques de leur attachement, c'était son seul et unique désir. Il s'effrayait à la pensée que l'on pût songer à lui pour un rang plus élevé. Et cependant, à mesure que son talent et ses vertus rayonnaient autour de lui, les yeux se fixaient davantage sur un mérite qui ne demandait qu'à se faire oublier. Déjà une première fois, sa modestie avait été alarmée d'un dessein dont il était parvenu à conjurer le succès. Mais comme saint Jérôme le disait de l'un de ses amis, « plus il cherchait à fuir les honneurs, plus on mettait d'empressement à les lui offrir, *sed quanto plus repugnabat, tanto magis in se studia omnia concitabat ;* car, par ses refus mêmes, il méritait de devenir ce qu'il ne voulait pas être, *merebatur negando quod esse nolebat,* d'autant plus digne au jugement des autres qu'il l'était moins à ses propres yeux, *eoque dignior erat quo se clamabat indignum* (1). »

L'heure devait venir où l'Eglise et l'Etat uniraient leurs voix pour appliquer cette maxime du pape saint Grégoire, « qu'il faut refuser les grandes charges à ceux qui les

(1) Ep. xxxv. *Epitaphium Nepotiani.*

désirent, pour les réserver à ceux qui les fuient ; *sicut locus regiminis desiderantibus negandus est, ita fugientibus offerendus* (1) ; » et alors, qu'avons-nous vu, mes Frères ? Une lutte édifiante parmi toutes, et dont le souvenir ne s'effacera jamais de mon esprit.

Ni nos instances amicales, ni l'autorité la plus grande que donnait à un éminent Pontife la qualité de pasteur et de père, ne parvenaient à vaincre une résistance qui prenait sa source au plus profond de la foi et de l'humilité chrétienne. Ce siége d'Amiens, avec les splendeurs de son histoire ; cette cathédrale, l'une des merveilles de l'art ; cette église des Firmin, des Euloge, des Honoré, illustrée à jamais par les grands souvenirs de saint Jean-Baptiste et de saint Martin ; ces populations de la Picardie, à la foi si vive, aux mœurs si douces et si polies ; aucun de ces attraits qui auraient pu éblouir tant d'autres, ne voilait aux yeux du saint prêtre la responsabilité de la charge qu'il allait assumer. Il fallut, pour triompher de ses longues hésitations, que la volonté de Dieu lui fût signifiée, manifeste et souveraine, par l'organe de celui qui a reçu la mission de paître les agneaux et les brebis (2). Alors, se rappelant que nous sommes « les fils de l'obéissance (3) » il fit taire au fond de son âme toute autre voix, pour répondre à l'appel divin, de grand cœur et résolument : *corde magno et animo volenti* (4). Amiens allait être, après Douai, le second théâtre, plus étendu que le premier, d'un ministère pastoral dont je dois continuer à décrire le caractère et les œuvres.

(1) Lib. VII, Ep. IV.
(2) Saint Jean, XXI, 15 et ss.
(3) Ire Ep. de saint Pierre, I, 14.
(4) IIe Machabées, I, 3.

II

C'est dans l'épiscopat que le sacerdoce trouve sa plénitude. En s'appliquant à un plus grand nombre d'âmes, la fonction pastorale gagne en pouvoir comme en étendue. Cet accroissement d'un ministère arrivé à sa perfection, l'Eglise l'exprime à merveille dans l'acte solennel où s'accomplit la consécration de ses pontifes. Elle leur pose sur la tête le casque du salut, *galeam salutis*, comme une arme terrible aux adversaires de la vérité, *quatenus terribilis appareat adversariis veritatis*, et pour marquer la vigueur qui sied à l'athlète de la foi, *impugnator robustus*. Elle leur met au doigt l'anneau de la fidélité, *signaculum fidei*, comme le gage d'une alliance inviolable, et dont l'union de l'époux avec l'épouse n'est qu'une image affaiblie. Elle attache à leur poitrine la croix, symbole du sacrifice, et du sacrifice porté jusqu'à l'oubli et à l'immolation de soi-même. Elle place l'Evangile sur leurs épaules comme un joug qu'ils devront à leur tour imposer aux peuples, pour le salut des âmes confiées à leurs soins. Elle remplit leurs mains de bénédictions, afin que la grâce et la miséricorde en découlent sans cesse, sur les justes comme sur les pécheurs : *quidquid benedixeris benedicatur, et quidquid sanctificaveris, sanctificetur*. Et enfin, elle leur transmet la houlette pastorale, *baculum pastoralis officii*, signe d'une autorité qui juge sans passion, *judicium sine ira tenens*, corrige avec douceur, *in corrigendis vitiis pie sæviens*, charme et persuade plutôt qu'elle ne commande, *in fovendis virtutibus auditorum animos demulcens*, et, par son caractère comme par ses œuvres, résume la paternité spirituelle dans ce qu'elle a de plus large et de plus élevé (1).

Le pasteur des âmes, voilà ce que le nouvel Evêque d'Amiens envisageait avec prédilection dans la charge dont il venait d'être revêtu ; et si quelque chose pouvait diminuer les appréhensions qu'elle causait à son humilité, c'est qu'il y retrouvait, sur une vaste échelle, ce ministère de dévouement qui convenait si bien à son âme pastorale. Aussi, à peine fut-il arrivé au milieu de vous, qu'il tourna sa pensée vers la visite de son diocèse. « Il n'y a que ce moyen d'opérer quelque bien, » disait Mgr de la Motte, l'un de ses plus illustres prédécesseurs. Touchant spectacle, mes Frères, que ces visites pastorales de l'Evêque, successeur des Apôtres, jusqu'au fond des campagnes les plus reculées ! A son arrivée, tous les cœurs se dilatent. Autour de lui les mères s'empressent, joyeuses et recueillies, pour appeler sur le front de leurs petits enfants le signe de la bénédiction. Un rayon de fête a pénétré ce jour-là dans l'humble bourgade et reluit sur tous les visages. On fait trêve pour quelques heures au travail, aux soucis et aux préoccupations de la terre, pour être tout entier aux choses de l'esprit et de la foi. Ceux-là même que divisent l'intérêt et la passion, oublient leurs discordes auprès de celui qui représente à leurs yeux la paix, l'union et la charité fraternelle. Pour lui, dont le cœur embrasse tous ses enfants d'une égale tendresse, il n'ouvre la bouche que pour faire entendre des paroles d'encouragement et de consolation. Il est venu, dispensateur

(1) Pontificale Romanum, *de Consecratione Electi in Episcopum.*

suprême des dons célestes, apporter aux uns des armes pour les combats de la vie, aux autres des remèdes contre les souffrances d'ici-bas, à tous plus de lumière et de force. Journée pleine de souvenirs, heures fécondes, d'où chacun sort le cœur ému, l'âme soulagée et ravie ! Ah ! l'on ne saura jamais ce que vaut un tel ministère, pour entretenir au milieu des populations, la notion de l'autorité, le sentiment du respect, la foi en Dieu, l'amour du devoir et de la vertu ; et s'il est vrai de dire que les évêques ont fait la France chrétienne, c'est à eux également, à leurs courses apostoliques, à leur contact incessant avec les âmes, qu'il faut attribuer en grande partie ce qui reste à la nation de foi religieuse, de grandeur et d'énergie morale.

Mgr Bataille mettait son bonheur dans ces visites pastorales qui ont rempli les courtes années de son épiscopat. Il y déployait ces qualités du cœur qui lui avaient valu tant d'affection et de sympathie dans la première partie de sa carrière sacerdotale. Rien n'échappait à sa vigilance, ni les moindres détails du service divin, ni les atteintes les plus légères à la discipline ecclésiastique. Il réglait tout, il dirigeait tout avec un soin scrupuleux, et l'on pouvait lui appliquer l'éloge que saint Jérôme faisait de Népotien : « *Sollicitus ergo erat si niteret altare*, il examinait attentivement si les autels avaient leur parure, les murs leur propreté, les sacristies leur décence, les vases sacrés leur richesse convenable, *si parietes absque fuligine, si sacrarium mundum, si vasa luculunta ;* et sa pieuse sollicitude pour toutes les cérémonies du culte ne lui laissait rien voir de petit ni de minutieux dans l'accomplissement d'un tel devoir : *Et in omnes cœremonias pia sollicitudo disposita, non minus non majus negligebat officium* (1). » Ainsi parcourait-il les paroisses de son diocèse, charmant par son aménité tous ceux qui l'approchaient, trouvant dans son cœur de pasteur et de père une parole affectueuse pour chacun, et ne perdant jamais de vue la recommandation de l'apôtre : *quæcumque amabilia hæc cogitate* (2). Là où éclataient davantage cette grâce et cette amabilité, c'était au milieu des enfants. Le pieux Evêque se plaisait à les voir et à les bénir : son âme si pure, j'ose dire, si virginale, avait pour eux des tendresses inépuisables ; et grande était sa joie, lorsqu'il pouvait se délasser des fatigues de son ministère, en conversant avec eux dans un langage qu'il savait si bien approprier à leur âge. Longtemps encore, vos enfants garderont le souvenir de celui qui les a tant aimés ; et, quelle que soit la destinée qui les attende, ils n'oublieront jamais cette douce et sereine figure qu'ils voyaient apparaître au milieu d'eux, le sourire sur les lèvres, comme une vivante image de la divine bonté.

Un grand problème est venu se poser devant la société moderne ; et votre Evêque, Mes Frères, en comprenait toute l'importance. Tandis que dans les familles plus favorisées par l'intelligence et par la fortune, la religion a fait de nos jours les plus consolants progrès, dans la masse du peuple, au contraire, l'indifférence et l'incrédulité tendent à gagner de proche en proche. C'est là une situation pleine d'alarmes, et sur laquelle il serait aussi imprudent qu'inutile de vouloir fermer les yeux. Au siècle dernier, l'impiété frappait au sommet pour renverser l'édifice social, et elle n'y avait que trop

(1) Ep. XXXV, *Epitaphium Nepotiani.*
(2) Ep. aux Philippiens, IV, 8.

réussi ; aujourd'hui que le sommet s'est raffermi, elle reprend par la base son travail de démolition. L'atelier, l'usine, la ferme, voilà le théâtre où elle opère de préférence par la parole et par l'action. C'est aux classes laborieuses qu'elle s'efforce de persuader que la religion, avec ses dogmes et ses préceptes, est un mensonge et une duperie, que le tout de l'homme, c'est d'amasser et de jouir, et que le néant est le dernier mot de nos destinées. C'est là qu'elle cherche à faire le vide dans les âmes, pour n'y laisser debout, sur les ruines de la foi et de la conscience, que des appétits grossiers et des instincts pervers. Voilà pourquoi l'épiscopat salue de ses vœux, je ne dis pas assez, de ses bénédictions, toute œuvre qui tend la main au travailleur pour l'armer de force contre les sollicitations de l'erreur et du vice. Monseigneur Bataille sentait vivement la grandeur du mal et la nécessité d'y porter remède. Ces cercles d'ouvriers, qui constituent autant de noyaux précieux, autour desquels pourra se reformer la corporation chrétienne, avec ses glorieuses traditions adaptées à des besoins nouveaux ; ces patronages où la religion protège le jeune apprenti contre lui-même, en le préservant des dangers qui menacent sa foi et ses mœurs : toutes ces associations si florissantes dans votre généreuse cité, le charitable Prélat aimait à les encourager par sa présence et à les soutenir de sa parole. N'est-ce pas encore à sa puissante initiative que vous devrez cette église nouvelle qui, sous la protection de saint Roch, s'élève dans l'un des quartiers les plus populeux de votre ville, et dont l'achèvement s'impose désormais à votre reconnaissance comme la touchante expression d'une volonté dernière ? Aussi notre émotion a-t-elle été vive, quand, le jour des funérailles, nous avons vu les représentants des classes ouvrières réclamer l'honneur de porter les dépouilles mortelles de celui qui avait été pour eux un bienfaiteur et un père.

Plus grave encore que la question à laquelle je viens de toucher, est celle de l'enseignement et de l'éducation. Il y a là, pour un évêque, des intérêts de premier ordre, qu'il lui appartient de protéger, au prix des plus grands sacrifices ; car il y va du salut des âmes que l'Eglise met sous sa sauvegarde, de celles-là surtout que la faiblesse de l'âge désigne plus particulièrement à notre solltcitude. Ai-je besoin de dire que Mgr Bataille, d'accord avec ses frères dans l'épiscopat, repoussait comme un principe de ruine pour un pays, tout système d'éducation qui ne demanderait pas à la religion son fondement et son principal appui ? Sans contester à l'Etat sa mission de surveillance et de protection, il revendiquait à tout le moins un égal respect pour les droits de la famille et pour ceux de l'Eglise. Dans son désir de voir s'élever le niveau des études, rien ne lui semblait plus favorable au progrès de la science qu'une émulation féconde entre les institutions pouvant se mouvoir à leur aise dans la liberté des programmes et des méthodes. A l'encontre des sophistes qui voudraient imposer à tous leurs opinions personnelles, sous prétexte de protéger l'unité nationale, il estimait que rien de solide ni de durable ne se fonde sur le scepticisme, et que l'Eglise catholique, avec ses principes et ses doctrines invariables, est pour un pays la plus haute garantie de paix et d'union qu'il y ait en ce monde. Voilà pourquoi il applaudissait aux travaux de ces Universités catholiques, dont la renaissance restera l'une des gloires de notre époque ; il mettait à exciter votre générosité en faveur de ces établissements nouveaux, tout le zèle que lui inspirait une conviction profonde. Vivement pénétré de la bonté d'une telle cause, il ne se laissait ni rebuter par les difficultés du présent ni effrayer par les menaces de l'avenir, sachant bien que toutes les œuvres de Dieu ont leurs épreuves passagères, et que, s'il ne manque jamais de Samaritains envieux et jaloux pour arrêter les Esdras dans les grandes restaurations, Dieu envoie toujours, à l'heure marquée, des Néhémie pour reprendre l'œuvre interrompue et pour l'achever avec plus de force et de splendeur.

Cette sollicitude si active pour les Universités catholiques, votre Evêque la déployait à tous les degrés de l'enseignement. Sans doute, et avant tout, il se préoccupait de l'éducation des clercs, et vous n'avez pas perdu le souvenir des lettres si graves et si pressantes où il vous exhortait à favoriser de tout votre pouvoir les vocations ecclésiastiques. Mais, tout en réservant ses meilleurs soins aux élèves du sanctuaire, il embrassait dans son affection paternelle tous les établissements où la religion prépare à la société civile des membres intelligents et dévoués. Qu'elles n'étaient pas son admiration et sa sympathie pour l'illustre Société qui, depuis trois siècles, a l'insigne honneur de recevoir les premiers coups, chaque fois que l'Eglise est en butte à la violence et à la calomnie ? Avec tous ceux que n'aveuglent pas d'injustes préventions, il regardait comme une bonne fortune et une gloire pour la ville d'Amiens de posséder ce magnifique collège de la Providence dont la prospérité n'intéresse pas moins l'Etat que l'Eglise elle-même. Non moins grande était sa bienveillance pour ces modestes éducateurs de l'enfant du peuple, qui, sous la livrée du sacrifice, prolongent au milieu de vous les traditions de zèle et de dévouement dont le vénérable La Salle leur a transmis le glorieux héritage. Aussi leurs épreuves ont-elles été la grande douleur des derniers temps de sa vie, comme d'autre part, rien n'a plus réjoui et consolé son cœur que de voir avec quelle énergie et quelle générosité vous avez su réparer des mesures funestes, en conservant à l'enseignement religieux le rang que ses services et ses bienfaits lui ont mérité de tenir dans cette grande et catholique Cité.

Si jamais la mission de l'Evêque a été difficile et délicate c'est bien à une époque de luttes et de contradictions comme la nôtre. Mgr Bataille était heureusement doué pour des situations qui, si elles demandent une vraie force de caractère, n'exigent pas moins de calme et de sang-froid. Esprit sage et pondéré, autaut que ferme et droit, il savait faire la part de tous, et rendre à chacun ce qui lui appartient. Certes, son dévouement à l'Eglise était sans bornes ; et vous savez si l'attachement au Souverain-Pontife et la fidélité aux doctrines romaines se sont rencontrées ailleurs sous une forme plus touchante et plus correcte. Le Vicaire de Jésus-Christ était pour lui l'organe infaillible de la vérité ; et toute son ambition se réduisait à n'être qu'un humble écho de cette grande voix qui domine le monde, immortelle et souveraine. Mais tout en proclamant, avec l'autorité de la foi et de la raison, que le monde des âmes ne saurait être inférieur à celui des corps, et que les intérêts du temps sont nécessairement subordonnés à ceux de l'éternité, il se gardait bien de confondre en un seul deux domaines qui, pour être unis, n'en restent pas moins distincts l'un de l'autre. Voilà pourquoi les dépositaires de la puissance publique l'ont toujours trouvé respectueux pour leurs droits, ne se résignant à la lutte que par motif de conscience, et cherchant avec soin les voies les plus propres à prévenir les conflits ou à les terminer. L'alliance de la religion avec toutes les forces vives du pays, pour le triomphe de l'Eglise et la prospérité de la France, c'était l'objet de ses désirs et le but de ses efforts ; il vous le disait dans un noble langage, lersque bénissant naguère votre nouveau Palais-de-Justice, il commentait ces paroles qui expriment si bien l'accord des pouvoirs dans l'accomplissement d'une tâche commune : *Misericordia et veritas obviaverunt sibi ; justitia et pax osculatæ sunt :* « La miséricorde et la vérité sont allées au-devant l'une de l'autre ; la justice et la paix se sont rencontrées dans un même embrassement (1) ».

Que de fruits, Mes Frères ne promettait pas cet épiscopat, hélas ! brisé dans sa fleur. Après six années de travaux, le pieux et zélé Prélat était arrivé à cette période du ministère apostolique où les qualités de l'esprit et du cœur, fortifiées par les leçons de l'expérience, peuvent se déployer dans toute leur plénitude. Il s'était conquis en peu de temps l'estime et la confiance de tous : son clergé, dont il était devenu le modèle par une régularité de vie exemplaire, l'entourait d'une vénération filiale ; son diocèse qu'il avait visité deux fois avec une ardeur au-dessus de ses forces, lui prodiguait les marques d'un attachement sincère ; ses œuvres et ses institutions se développaient de jour en jour, avec un succès toujours croissant, De son côté, il s'était identifié avec vos besoins et vos intérêts spirituels, ne vivant plus que pour vous et mettant tout son bonheur dans le vôtre. Vainement sollicité, à maintes reprises, de monter à un rang supérieur

(1) Ps. LXXXIV, 11.

dans la hiérarchie ecclésiastique, il avait répondu par ce mot qui restera dans l'histoire de votre église : « L'on ne quitte le siége d'Amiens, que pour monter au Ciel. » Paroles prophétiques, et qui ne devaient s'accomplir que trop tôt, sinon pour lui-même, du moins pour vous qu'une séparation inattendue allait plonger dans le deuil. Mais, ainsi que je le disais en commençant, il devait continuer à servir vos âmes et à leur être utile jusque dans les bras de la mort. Après vous avoir exhortés tant de fois à bien vivre, il était réservé à votre premier Pasteur de couronner sa prédication, en vous apprenanl à bien mourir. Sans doute, la douleur de vous quitter a dû remplir d'amertume le calice des souffrances que Dieu lui présentait. Il l'avouait lui-même, dans les premiers temps de sa maladie, avec un accent de tristesse que l'humilité chrétienne rendait si touchant : « Le Jardin des Olives se retrouve dans l'histoire de toutes les passions. » Mais quel abandon filial entre les mains de la divine Providence, après ces premiers moments donnés aux défaillances de notre humaine nature! Quelle calme et quelle sérénité à l'approche d'un dénoûment qui ne semblait s'éloigner que pour permettre à la souffrance de faire sentir plus longtemps son aiguillon! Et enfin, quels sentiments de foi, de piété, de résignation joyeuse, dans ces adieux suprêmes à la famille sacerdotale, au milieu desquels la main du Pieux Pontife se levait encore pour bénir, alors même que toute parole s'était éteinte sur ses lèvres! Ainsi meurent les saints, riches de mérites et de bonnes œuvres; et le souvenir de leur mort non moins que l'exemple de leur vie reste au milieu des peuples qui ont recueilli leurs bienfaits, comme une lumière, une force et une bénédiction.

Pour moi, vénérable Frère, qui suis venu, en ce jour, édifier vos enfants spirituels par le tableau si touchant de vos vertus, qu'il me soit permis de répéter, en terminant, ces paroles de saint Grégoire de Naziance rendant à un grand évêque les derniers devoirs de l'amitié : *Hæc habes a nobis, a lingua quondam tibi suavi, atque honore et ætate æquali* (1) : Agréez ce faible hommage d'une voix qui vous était chère, parce qu'elle retentissait à votre cœur comme la voix de l'amitié, et d'une amitié que ni le temps ni la distance n'avaient pu affaiblir. En nous approchant davantage encore, une même charge avait établi entre nous de nouveaux liens ; et j'aimais à penser qu'unis pendant la vie, nous ne serions pas séparés dans la mort. Oui, confiant dans le secours de Dieu, j'espérais toujours, alors même que toute espérance semblait perdue. Dieu en a décidé autrement : que son saint nom soit béni ! Vous nous quittez, cher Frère, au moment même où nous avions le plus besoin de vos lumières et de votre zèle. Et ne semble-t-il pas que vous ayez eu le pressentiment de nos luttes futures quand, de votre lit de mort, vous sollicitiez de nouveaux hommages pour le Prophète-Martyr, proclamé par Jésus-Christ « le plus grand des enfants des hommes, » et dont le chef sacré, inséparable de cette illustre Eglise d'Amiens, personnifie depuis dix-huit siècles la résistance au vice et à l'oppression (2) ? Ah ! du moins, assistez-nous par vos prières dans ces combats de la foi que vous auriez tant aimé à soutenir avec nous, *e cœlo*

(1) *Oratio* XLIII a, n° 82.

(2) Lettre circulaire de Mgr l'Evêque d'Amiens sur le rétablissement dans le diocèse de la Fête et de l'office de la réception de la Face de saint Jean-Baptiste.

nos, quæso, inspice (1) ; soyez le protecteur de ceux qui vénéraient en vous leur pasteur et leur père ; et lorsqu'à notre tour nous aurons quitté cette vie, *nosque, posteaquam ex hac vita migraverimus*, puissions-nous être reçus dans les tabernacles éternels où vous auront introduit vos mérites, *illic quoque tabernaculis tuis excipe* (2). C'est là que, prêtres et fidèles de la sainte Eglise catholique, nous nous donnons rendez-vous après les épreuves et les luttes de la vie présente : au séjour de la gloire et de la félicité éternelle. Ainsi soit-il !

(1) *Oratio* XLIII a, n° 82.
(2) *Ibid.*

TABLE DES MATIÈRES

Amiens. — Typ. Delattre-Lenoel, Imp. du Chapitre Cathédral.

DU MÊME AUTEUR

GERVAIS-PROTAIS. Drame chrétien, en 3 actes, en vers français. Prix : 0 fr. 75.

SAINT-FIRMIN, Drame chrétien, en 5 actes, en vers français. Prix : 1 fr. 50.

N.-B. — Ce dernier ouvrage en collaboration avec M. le Docteur A. Caron, de Paris.

En vente : chez Delattre-Lenoel, *et à* la librairie Langlois, 23, place Saint-Firmin, Amiens.

www.ingramcontent.com/pod-product-compliance
Ingram Content Group UK Ltd.
Pitfield, Milton Keynes, MK11 3LW, UK
UKHW022108260726
13993UKWH00001B/389